地域福祉
ガバナンスをつくる

原田正樹・藤井博志・渋谷篤男　編

全国社会福祉協議会

地域福祉ガバナンスの形成／運営

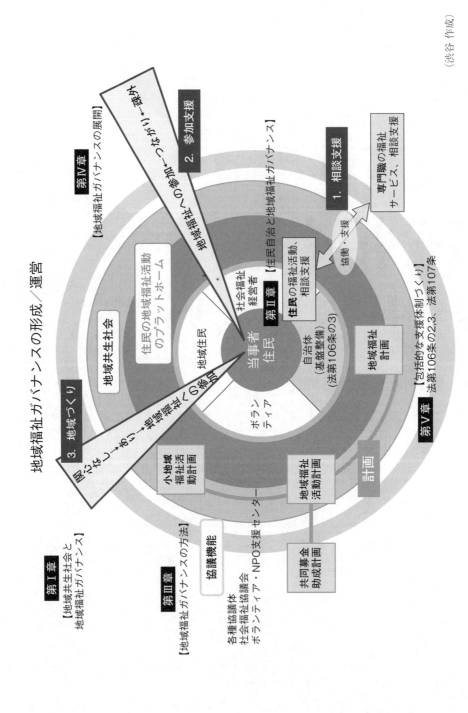

第Ⅰ章
【地域共生社会と
地域福祉ガバナンス】

第Ⅱ章【住民自治と地域福祉ガバナンス】

第Ⅲ章
【地域福祉ガバナンスの方法】

協議機能

各種協議体
社会福祉協議会
ボランティア・NPO支援センター

第Ⅳ章
【地域福祉ガバナンスの展開】

1. 相談支援
2. 参加支援
3. 地域づくり

第Ⅴ章
【包括的な支援体制づくり】
法第106条の2,3、法第107条

地域共生社会

住民の地域福祉活動
のプラットホーム

当事者
住民

社会福祉
経営者

ボラン
ティア

地域住民

住民の福祉活動、
相談支援

自治体
（基盤整備）
（法第106条の3）

地域福祉
計画

小地域
福祉活
動計画

地域福祉
活動計画

共同募金
助成計画

地域福祉への参加

地域福祉へのつながり←一疎外

関心なし←あり←

計画

計画

専門職の福祉
サービス、相談支援

協働・支援

(渋谷 作成)

はじめに

　「地域共生社会」の提起している理念・方法については、今までの住民・ボランティアや専門職が実践を通して築いてきたものと重なるものがあり、これからの地域福祉にとって重要な取り組みです。しかし、地域の福祉課題の現状を考えると今までと同様の取り組みだけでは不十分ですし、新たな試みをしていかなければなりません。

　いま、ひきこもり、DV、再犯、自殺、孤立死、そして貧困など、さまざまな深刻な問題が生じています。問題が深刻であればあるほど、専門職だけではなくて、住民の力が必要だといわれます。なぜなら、そうした問題の根底には「社会的な孤立」という共通点があるから、と指摘されています。

　一方で人口減少・少子高齢化が進展し、過疎化や都市化の新たな問題が顕在しています。そこでは人間関係の希薄化や地縁組織の衰退が問題になっています。

　しかし、専門職も住民もこうした問題に果敢に取り組みながらも、時に、その厳しさを前にして、いったいどうしたらよいのか、途方に暮れます。それほど、地域で起きている問題は深刻だといえます。

　この問題解決には、社会全体が協力した取り組みが必要です。そこで、あわせて考えなければならないことは、近年、地域の福祉課題はその範ちゅうが広がり、そして、これによりおのずと課題の「当事者」も広がっているということです。地域住民や関係者がおのおのの当事者性を認識し合い、相互に理解することは地域共生社会を形成する第一歩です。しかし、当事者が増えれば増えるほど多様な立場、意見が生じ、協力するといっても、簡単にはいかないということも認識しなければなりません。

　一方で行政は公的責任を果たし、関係者も多職種連携をすすめ、地域住民も地域福祉活動への参加をしながら、それぞれが「協働」して

いくためのプラットフォームが重要です。

　このようななかで、どのように協議をし、合意を得て、行動に移していくかという仕組みづくりが問われることになります。

　地域で生じる福祉課題に対して、多様な関係者が協議・協働しながら解決していくためのプロセスを重視し、地域福祉を推進するためのガバナンスを考えていく必要があります。私たちはそれを「地域福祉ガバナンス」と呼ぶことにしました。

　このことを具現化していくためには、今までの実践の積み重ねを尊重しつつ、理念においても、仕組みにおいても、そして実践方法においても「新たな挑戦」をすることが必要だと考えます。

　この本は、全国社会福祉協議会が発行している『月刊福祉』において「地域福祉ガバナンスをつくる」をテーマに、2018年5月より、2年間にわたって連載してきた内容に、さらにいくつかの論点を加えて編集し直したものです。

　編者を含め、9人の執筆者で構成されており、編者3人の間でも、見方や意見の違いがあります。その点の限界はご了承ください。

　また、俯瞰して、かつ具体的な方法論を考える、という欲張りなねらいで、編集をすすめました。欲張ったがために、抜けている点が多々あるように思います。お許しください。

原田 正樹

藤井 博志

渋谷 篤男

目次

はじめに …………………………………………………………… 3

目次 ………………………………………………………………… 5

第Ⅰ章　地域共生社会と地域福祉ガバナンス ………………… **9**

　1　地域福祉ガバナンス …………………………………… 12

　2　地域ガバナンスの視点 ………………………………… 19

　3　地域福祉ガバナンスと共同運営 ……………………… 25

第Ⅱ章　住民自治と地域福祉ガバナンス …………………… **33**

　1　住民主体の今日的意義 ………………………………… 37

　2　「単身化社会」のもとで福祉的な住民自治をつくる … 43

　3　地域福祉におけるボランティア活動の存在 ………… 54

　4　NPOが地域福祉ガバナンスに参画する意味 ……… 60

　5　地縁組織、地縁型組織（地域福祉推進基礎組織）… 66

第Ⅲ章　地域福祉ガバナンスの方法 ………………………… **73**

　1　地域福祉の協議体の意義とそのあり方 ……………… 78

　2　地域づくりにおける社会福祉法人・施設の参画 …… 84

　3　社会福祉協議会と地域福祉ガバナンス ……………… 95

第Ⅳ章　地域福祉ガバナンスの展開 ……………………… **103**

　1　災害・復興における被災者支援 ……………………… 107

　2　多文化共生と地域福祉ガバナンス ………………… 113

　3　子育て世代と地域福祉ガバナンス ………………… 119

　4　地域共生社会をつくる地域福祉実践と地域福祉教育 … 125

第Ⅴ章　包括的支援体制と地域福祉ガバナンス ·················· 133
　1　包括的支援体制の構築と地域福祉ガバナンス ········ 136
　2　多様化・複雑化した地域生活課題と
　　　多機関協働の必要性 ································· 142
　3　漏れなく対応する仕組みづくり ····················· 148
　4　多職種連携時代の専門職と住民による協働の意義 ··· 155
　5　新しい地域福祉計画と重層的支援体制整備事業 ····· 161
　6　地域福祉ガバナンスと財源 ························· 166

参考資料　社会福祉法（昭和26年法律第45号）抜粋 ··········· 172
コンテンツ一覧 ······································· 189
著者一覧 ··· 195

第I章

地域共生社会と
地域福祉ガバナンス

第Ⅰ章では、「地域福祉ガバナンス」とは何かを考えます。地域福祉ガバナンスには、まだ定義がありません。今、地域福祉の考え方が大きく変わる過渡期にあります。地域住民や福祉の関係者だけで推進してきた地域福祉が、行政をはじめ地域に関わる多くの人や機関・組織による多様な構成員によって推進されていく時代です。その時にこの地域福祉ガバナンスが必要になってくるのです。

　そのことは、地域福祉とは何かを問うことにもつながります。本文では詳しくふれていませんが、本書は「社会福祉ガバナンス」ではなく、「地域福祉ガバナンス」としています。それは以降で紹介する座談会のなかでも述べられていますが、3人の編者が「地域福祉を軸にした新しい社会システムの方法論を構想したい」という思いが込められているからです。

　第1節では、地域福祉ガバナンスの考え方と、このことが求められる社会的な背景について整理しています。

　第2節では、地域福祉ガバナンスの具体的な視点について、協働のとらえ方、地縁組織と市民によるテーマ型の活動、包括的支援体制などについて整理しました。

　第3節では、地域福祉ガバナンスを推進するうえで中心になる「共同運営」という考え方を整理しています。

原田 正樹

座談会から
（編著者：原田 正樹、藤井 博志、渋谷 篤男）

なぜ今、地域福祉ガバナンスなのか

原田　なぜ地域福祉ガバナンスという連載を企画したのか、そこから話をスタートしましょうか。

渋谷　地域福祉を運営していく際には、多様な主体がいること、住民

　　　が重要であることは皆さん認識していると思いますが、どのよ
　　　うに運営していくかというイメージが共有できていないように
　　　感じます。最終的に広い分野の人たちが地域に関わっている状
　　　態をめざすのであれば、もう少しお互いの関係や実践方法を考
　　　え直さなければいけないと思ったのが、企画のきっかけです。

原田　最初に企画の構想を議論していた時には、「地域福祉の経営」と
　　　いう打ち出し方がいいのか、「地域福祉ガバナンス」という言葉
　　　がいいのかについても話し合いました。最終的には後者を選びま
　　　したが、「経営」と「ガバナンス」をどのようにとらえていますか。

藤井　経営はマネジメントで地域福祉の経営とは地域福祉からローカ
　　　ルガバナンスを形成するマネジメントということだと考えます
　　　ので、地域福祉ガバナンスという切り口でよかったのではない
　　　かと考えています。私が非常に重要だと思うのは、地域福祉を
　　　再規定することです。そうしなければ、福祉の対象は「何でも
　　　地域福祉」になってしまうのではないかと危惧しています。地
　　　域福祉の特徴のひとつは、社会福祉には「自治」という言葉は
　　　出てきませんが地域福祉には出てくるということです。このこ
　　　とが地域の中で福祉を運営していくうえで重要なキーワードで
　　　あり、まさにガバナンスなのだと思います。

原田　なぜ社会福祉には自治が出てこないのでしょうか。

藤井　社会福祉の対象は要援助者ですが、地域福祉では当事者も含め
　　　た一般住民が主体になります。地域住民による自己決定権を普
　　　遍化すると自治ということになるのだと思います。

社会福祉と地域福祉の違い

原田　地域福祉の再規定が必要との話でしたが、社会福祉の再規定も
　　　必要ではないでしょうか。

藤井　社会福祉法第1条に「地域における社会福祉（以下「地域福祉」という。）の推進を図る」とあります。では地域福祉が社会福祉にとって代わるのかといえば、そうではありません。ただ、社会福祉を地域福祉化していくことは重要でしょう。今、高齢・障害・児童福祉が縦割りで、地域福祉が横串といわれていますが、社会福祉は生活原理に基づいた総合福祉が本来のあり方です。その総合福祉化する機能というのが地域福祉ではないでしょうか。

渋谷　別の観点から言えば、地域や家庭で支え切れないものを社会福祉というかたちで切り取ったのです。社会福祉でやり切れないことを地域でやってくれと言っているのではなく、もともと存在した地域の支えを取り戻すという話なので、おのずと広く住民が関わらなければならないのです。

原田　一方で、「地域住民への丸投げ」との批判もあります。介護保険の総合事業はその最たるものです。「『財源がなくなったからまた地域で』とはあまりにも虫がいい話ではないか」との批判が住民から出ています。地域で合意をつくらないといけません。

渋谷　介護の部分だけ切り取ったものの、介護だけではその人を支えられないので、「支える部分は地域でやってください」という結論に至ったということでしょう。

藤井　社会福祉の政策やサービスの質、供給体制などの決定に関して、当事者である住民が十分に参加してこなかったことが問題だと思います。逆に言えば、決定権の担保があれば問題にならなかったかもしれない。サービス評価のオンブズマン運動、地域密着型サービスの運営委員会など、多様な直接参加のルートを担保するのが、地域福祉の特徴です。

1 地域福祉ガバナンス

「地域福祉ガバナンス」とは何か？

　「地域福祉ガバナンス」というのは、すでに定説がある考え方ではない。むしろ、今日の現場の取り組みを多角的に検討していきながら、地域福祉ガバナンスという考え方の枠組みを創出していかなければならない。

　「ガバナンス」（governance）という用語は、もともと政治学、経営学、経済学、社会学などの分野で用いられてきた。

　特にこの考え方に注目が集まるようになったのは1990年代後半である。その背景として、地方分権をより推進していくために、地方分権一括法が2000（平成12）年4月から施行されたが、これからの地方自治のあり方を考えていく時のヒントになった。同じ時期に政府は、公共セクター直営で提供してきた公共サービスを民間に開放する、「日本版PPP（Public Private Partnership：公民連携）」を推しすすめた。そこでは「官民のパートナーシップ（協働）による公共サービスの提供手法」が広がった。2003（平成15）年に創設された指定管理者制度などはその象徴である。

　ちょうど社会福祉基礎構造改革が行われたのもこの時期に重なる。1990（平成2）年の社会福祉関係8法改正、1995（平成7）年のボランティア元年などを経て、社会福祉の分野でも地方分権、市場化、多様化の議論がすすんでいた頃である。そうした時代背景のもと「ガバナンス」への期待が高まったのである。

　「ガバナンス」は「ガバメント」（government）と対比することで、その違いを説明することが多い。従来の「統治」の手法としてガバメ

ントがあり、これは統治者による支配として縦の権力構造を意識した
ものである。それに対してガバナンスは、政府以外の団体も含めた多
様なアクター（構成員）が協働して「共治」していく、横の関係構造
を重視するという考え方である。

　地方自治体等のガバナンスを強調すると「ローカル・ガバナンス」
ということになる。横の関係を重視するという意味では、地域福祉を
推進するガバナンスというのは「ローカル・ガバナンス」に近い考え
方ともいえる。

　「地域福祉ガバナンス」は、いろいろな切り口から考えてみることがで
きる。ひとつは「地域福祉とガバナンス」の関係を考えてみることである。
後述するが、2018（平成30）年4月から社会福祉法の改正によって地域
福祉の枠組みが大きく変わった。国および地方公共団体に地域福祉の推
進の責務が課せられる。その際に、どのように地域福祉を推進していく
のかを考えていくことはとても重要である。例えば社協の関係者は、地
域福祉の推進にあたり「住民主体」ということを大切にしてきた。行政
の公的責任を明確にしつつ、一方で住民主体による地域福祉を推進する
ということで、対立することも出てくるかもしれない。そうした緊張関
係も、地域福祉におけるガバナンスのあり方を考えることにつながって
いく。

　ふたつめは、「地域福祉をガバナンス」で推進しようという視点で
ある。協議会や協議体が重視されているなかで、どうそれを共同運営
していくか。あるいは福祉コミュニティのあり方そのものを問うこと
になる。ガバナンスによる協働の方法論が問われている。

　そして3つめは、「地域福祉でガバナンス」を実現しよういう発想
である。ガバナンスは理念だけではなく、仕組みにしていくことが必
要である。ところが「カタチ」にしていくことは難しい。その一方で
地域福祉は、現実に生じている地域生活課題を解決していくための実
践である。よって地域福祉の実践を通して、ガバナンスを実現してい
く試みを重ねることができる。今日的な福祉コミュニティと一般コ

ミュニティの相互関係を問うことにもなる。地域福祉の理論として、岡村重夫が提起した福祉コミュニティと一般コミュニティをつなぐプラットフォームとして地域福祉ガバナンスを位置づけることができる。

　このように地域福祉ガバナンスを考えていくことは、地域福祉の推進方法、地域福祉計画、また社協の組織論や援助方法論、評価や財源、さらには社会福祉法人の地域公益活動の展開にもつながっていく。

地域福祉ガバナンスの特徴は何か？

　市民参加による行政改革として強調されたのが、「ガバメントからガバナンスへ」という変化である。ガバメントというのは、トップダウンで法的な拘束力もある統治の仕組みのことを言う。それに対して、ガバナンスとは関係者が主体的に参加し、協議しながら意思決定、合意形成をしていく仕組みのことを言う。「協働」の広がりとともに、ローカル・ガバナンス（地方自治における）とか、コーポレート・ガバナンス（企業における）といった広がりがみられる。

　「地域福祉ガバナンス」とは、ローカル・ガバナンスに近い考え方であるが、地方自治体や議会を中心とした行政分野からとらえるのではなく、地域で生じる課題に対して、多様な関係者が協議しながら解決していくためのプロセスを重視し、こうした地域福祉を推進するためのガバナンスとして「地域福祉ガバナンス」ということを強調している。もちろん地方自治体や議会も大切な構成員であるが、当事者を含む地域住民や関係者、専門職、社会福祉法人をはじめとした団体や組織、機関なども含めて、地域福祉の推進主体としてとらえる。

　社会福祉法第4条で規定されている「地域福祉の推進」のために、地域生活課題を協働して解決していくことが地域福祉ガバナンスの大きな特徴といえる。そのためにより多くの人たちによる「開かれた地域福祉」にしていくことが大切になる。

　とはいえ、構成員が多くなるほど、それぞれの意見の違いや利害関係が生じることが増えてくる。場合によってはコンフリクト（葛藤や対立）が起こる。地域福祉ガバナンスを実現しようとすれば、それはとても難しいものである。エネルギーも時間もかかるので、決して合理的な方法とは言えないかもしれない。しかし、多くの関係者が壁を乗り越えて、みんなで納得して物事を決めて推進していく——。その時に発揮される力は、それまでの何十倍も大きなものになる。これからの地域福祉の推進にあたっては、大変でも、この「地域福祉ガバナンス」をすすめていくことが大切である。

▌地域福祉ガバナンスが求められた社会的背景は何か？

　大きな視点からすると、社会の変化と民主主義の発展である。日本では人口減少社会、格差社会、また、災害や自然環境の問題など、私たちの生活を脅かすような不安や社会問題が起こっている。こうした新たな問題に対しては、従来のように行政責任を問うだけではなく、事業者団体、消費者団体、労働組合、金融セクター、NPO・NGO、専門家、政府といった、広範かつ多様な担い手が「協働の力」で問題解決にあたるための新しい公共の枠組み（マルチステークホルダー・パートナーシップ）を模索していく必要が生じてきた。

　また多様性を重視した民主主義のあり方が問われている。多数決だけで決めるのではなく、少数意見をどれだけ尊重できるのか。声にならない声、そうした潜在的なニーズも受け止めて議論をしていく。さらには合意形成の方法を工夫し、みんなが喜びと痛みを分かち合いながら妥協点を模索していく。「誰一人取り残さない」ということは、多数決や排除の論理ではなく、多様性や包摂をめざした民主主義を模索していくことである。

　多様な人たちの参画と協働による地域福祉ガバナンスを構築してい

くということは、新しい地域社会をつくっていくことにつながる。国際的には、国連が提唱した2030年に向けたSDGs（持続可能な開発目標）と基底は似ている。特に17番目に掲げられている「パートナーシップの構築」では、先述したマルチステークホルダー・パートナーシップが位置づけられている。地域福祉ガバナンスは、世界規模でのパートナーシップの基礎単位になっていくであろう。

　また、地域福祉ガバナンスによって、共生文化をつくっていくことをめざす。地域共生社会は政策や制度だけで成り立つものではない。多様性を受け入れ、包摂型の社会にしていくためには、私たち一人ひとりの意識を変え、社会を変えていくための参画・協働の方法を整えていく必要がある。まさに地域福祉ガバナンスによって、真の共生社会を文化として醸し出していけるようにしたいものである。

　一方で今日的な福祉ニーズにも大きな変化がある。家族のなかにいくつもの問題が起こっている事例、制度の狭間といわれる既存のサービスだけでは対応できない事例、何よりも社会的孤立の問題は深刻である。これまでのような縦割りの制度やサービスだけでは解決できない事柄が、地域のなかでたくさん生じている。

　地域福祉は、そこに住む人たち、つまり地域生活の当事者である住民主体による推進を大切にしてきた。ただし、地域住民だけで解決するということではない。地域に関わる多様な構成員が協働して、自分たちのまちの地域づくりをしていくという仕組みが必要になってくる。その際に、「協同」するための理念があり、場としてのプラットフォームがあり、「協働」していく仕掛けとして地域福祉ガバナンスが求められている。

地域共生社会と地域福祉ガバナンスの関連は？

　現在、地域共生社会の実現に向けて、その工程表が示され、制度改革もすすめられている。「全ての人々が地域、暮らし、生きがいを共

に創り、高め合うことができる『地域共生社会』を実現する。このため、支え手側と受け手側に分かれるのではなく、地域のあらゆる住民が役割を持ち、支え合いながら、自分らしく活躍できる地域コミュニティを育成し、福祉などの地域の公的サービスと協働して助け合いながら暮らすことのできる仕組みを構築する」という理念のもとに推進される政策といえる。

　共生社会そのものは、長年の実践や当事者運動、研究によって積み上げられてきたが、そのことと社会的孤立や制度の狭間といった今日的な社会福祉課題を解決していくために、新たな包括的支援体制といったシステムが必要になった。

　具体的には社会福祉法の改正（2017年改正）により、各市町村で包括的支援体制の構築に向けた取り組みが本格的に始まっている。

　従来の社会福祉法第4条では、①地域住民、②社会福祉を目的とした事業を経営する者、③社会福祉に関する活動を行う者という三者が相互に協力し、地域福祉の推進に努めなければならないとされていた。そこには国および地方公共団体は含まれていなかった。

　地域共生社会は、その実現に向けた負担を地域住民に「丸投げ」することでも、我が事として「押しつける」ものでもない。そこで、地域力強化検討会（地域における住民主体の課題解決力強化・相談支援体制の在り方に関する検討会）では、地域福祉の推進における公的責任を問う意見が出された。

　そうした議論を踏まえて、2017年に改正された社会福祉法の第6条第2項では国および地方公共団体の責務として、「地域住民等が地域生活課題を把握し、支援関係機関との連携等によりその解決を図ることを促進する施策その他地域福祉の推進のために必要な各般の措置を講ずるよう努めなければならない」と明記された。地域福祉の推進が「三者関係」から、「四者関係」という新しいステージに移行したのである。

　さらに2020年の改正では、この項に「地域再生に関する施策」も

加わった。より広範なステークホルダーが関わっていくことになる。

　具体的には、第106条の3で「市町村は、（略）地域住民等及び支援関係機関による、地域福祉の推進のための相互の協力が円滑に行われ、地域生活課題の解決に資する支援が包括的に提供される体制を整備するよう努めるもの」として、包括的支援体制の構築に向けて動き出す。

　さらにこうした動きを、第107条による「地域福祉計画」として策定し、進行管理をしていくことになる。

　まさに地域福祉ガバナンスを実体化していくことが求められている。ところが実際には、簡単に地域福祉ガバナンスが展開できるとは限らない。措置制度のようなガバメントによる行政主導の方法では、地域福祉の推進も一方的な押しつけになってしまう懸念がある。その意味で地域福祉ガバナンスのあり方をきちんと整理しておくことが不可欠である。

　また、それは行政だけの課題ではない。社会福祉法人制度改革でも、それぞれの社会福祉法人に地域公益活動が求められている。従来のように福祉施設は施設の経営だけすればよいというわけではない。施設のある地域のことを視野に入れて事業展開をしていかなければならない。その時にひとつの法人だけで実施できるものではなく、さまざまな関係者との調整が必要になる。ここにも地域福祉ガバナンスの共有化が求められてこよう。

《参考文献》
①　原田正樹「地域福祉計画の策定とローカル・ガバナンス—地域住民の参加と協働から」『地域福祉研究』第36巻、日本生命済生会福祉事業部、2008年、16〜27頁
②　原田正樹「地域共生社会の実現に向けて」『月刊福祉』第100巻第2号、全社協、2017年、42〜47頁
③　原田正樹「ケアリングコミュニティの構築をめざして」『月刊自治研』2017年9月号、自治研中央推進委員会、16〜22頁
④　原田正樹「改正地域福祉計画と地域住民等の参加の諸相」『ソーシャルワーク研究』第43巻3号、相川書房、2017年、38〜46頁

（原田　正樹）

2 地域福祉ガバナンスの視点

「協働」の考え方とは？

世間的には2000年以降、「協働」という用語が使われてきた。まず「協働」という用語が使われてきた背景を振り返っておきたい。「協働」は2000年代になって盛んに使われるようになった。今では当たり前のように目にするが、造語である。

この言葉に注目が集まったのは、経済財政諮問会議「今後の経済財政運営及び経済社会の構造改革に関する基本方針」（2001年6月26日閣議決定）である。これからの行政サービスは効率化、民営化、規制緩和が不可欠であり、そのためには、具体的に指定管理者制度や市場化テストを導入していく必要がある。その際には行政だけでは実施できないので、行政とNPO等の「公私協働」のあり方が重要であるとされた。

もともとこの考え方は、イギリスのサッチャー政権下で進められたPPP（Public Private Partnership）によるもので、行政施策の民営化が推しすすめられた際に用いられた "Best Value for Money" という考え方が背景にある。イギリスでは公私でコンパクトという協定書を取り交わし、それぞれが責任をもって役割を遂行する。日本で「協働」が公文書に用いられたのは、2002年に経済産業省による「日本版PPPの実現に向けて」という中間報告である。このとき、Partnershipを「協働」と訳して用いられた。

「協働」には2つの視点がある。

1つはパブリック・インボルブメント（Public Involvement）である。

これは米国において道路・鉄道等の開設に際しての住民とのトラブルが絶えず，道路建設が中断されたことから考案された制度である。計画の策定時から住民を巻き込んで事業を展開するという方法が開発された。日本でも1997年に道路審議会建議で提唱されて以降、道路行政における市民参画の導入にむけて検討が行われ、2002年には国土交通省により示された「市民参画型道路計画プロセスのガイドライン」のなかでPIが全面的に導入された。その後、公共事業などの推進にあたっては、このPIの導入が浸透してきた。

こうした公共事業に関する分野から広がってきた「協働」には、事業の効率性や合理化という視点から民間活力の活用による構造転換を図ろうとする意図がある。これを「合理的な事業遂行のための一体型協働」とする。

もうひとつの考え方は、パブリック・パーティシペーション（Public Participation）である。さまざまな構成員（ステークホルダー）により新たな公共をどう創りだしていくかというプロセスと手法を重視している。地域住民、民間企業、関係団体、行政も含めてプラットフォームを構築し、行政と敵対する市民運動型ではなく、それぞれの役割の違いを前提にしてむしろその違いを確認しあい、目的達成に向けてそれぞれの強みを発揮できるように話し合っていくことだ。しかしそれには物理的にも精神的にも大変な負担があり、決して合理的には運ばないことも多い。あえてこのプロセスを重視することで多様性を取り入れ、より質の高いものを創出していこうとする志向である。これを「合意形成の過程を重視した対等型協働」という。

このように、同じ「協働」という言葉を使っていても、前者は効率的合理的な事業の推進を目的としているのに対して、後者は対話と協議の場を大切にして過程を重視していく。ただし前者がよくないということではない。このことによって多くの自治体が地域住民に向けて政策決定過程への参加の入り口が開かれたことは事実である。行政のむだを省き、住民サービスの質を高めていくことは必要なことである。

　ただし合理化や効率化のためだけに地域住民が参画するわけではない。行政主導の市民協働課による事業と、住民主体で協働をすすめようとする動きが、噛み合わずにうまくいかないのは、そもそもこの「協働」の目的が一致していないからである。今後、地域福祉ガバナンスを考えていく時に、どういう協働をしていくのかを関係者間で確認しておくことが大切である。

　ちなみに「きょうどう」という言葉にはいろいろな意味合いがある。まだ定説になってはいないが、以下のような使い方がある。

協働 partnership ：「対等な立場で、それぞれの役割を責任もって果たすこと」を意図する。きちんと事前の契約や協定などに基づいて推進される。

協同 cooperation ：「同じ志や理念、目標に向けて、ともに物事を行うこと」を意図する。例えば、生活協同組合（consumer cooperative）などに用いられている。

共同 collaboration ：「お互いが同じ立場に立って、力を合わせること」を意図する。例えば、共同研究（collaborative research）などに用いられている。

包括的支援体制の構築に ガバナンスが必要な理由とは？

　地域共生社会を実現していくために、社会福祉法第106条の3では、包括的な支援体制を具体的に規定している。また第107条では、地域福祉計画を、児童、障害、高齢といった分野別計画の上位計画として位置づけ直し、行政による責務（社会福祉法第6条第2項）を遂行するように定めている。

　このことは民間任せ、住民任せの地域福祉ではなく、公的責任としてもしっかりと地域福祉を推進していくこと、つまり地域福祉推進のステークホルダーに地方自治体も参画して協働していくことを意図している。さらに言及すれば地域福祉を政策化していく時代になっていく。

　ただし危惧するのは、行政主導になっていくことで、住民主体という大切な考え方や方法論が形骸化していかないかという点である。社会福祉法第4条で規定されている「地域福祉の推進」のために、地域生活課題を協働して解決していくことが地域福祉ガバナンスの大きな特徴である。そのためにより多くの人たちによる「開かれた地域福祉」にしていくことが大切になる。地域福祉行政はガバメントではなく、ガバナンスを重視する必要があるという主張はそこにある。

　そのことは、従来のように社会福祉協議会だけが中心になって地域福祉を推進する時代ではないことも意味する。社会福祉協議会組織自体もガバナンスができるように改革していくことが重要である。

　地域福祉ガバナンスを構築していくために、地域のなかのより多くの構成員、多様な人たちによって、対話と合意形成をしていく必要が生じる。そこでは繰り返しになるが、地域住民等による諸組織はもちろん、特に社会福祉法人との連携が極めて重要になっている。社会福祉法人との連携による事業を確立していくことも地域福祉ガバナンスでは重要なテーマになる。

　その過程では、効率的に運ぶというよりは、手間暇かけて運営していくことになる。ただし、そうしたプロセスを経て得られる成果から大きな波及効果をもたらすことを期待している。

地域福祉ガバナンスにおける地縁組織とテーマ型組織の役割とは？

　地域福祉ガバナンスの構成員として、自治会や町内会などの地縁組

織はとても大事な存在になる。地縁組織は、地域のことをよく知っていて、推進にあたって大きな力を発揮する。しかし地縁組織のなかには、昔からの封建的な慣習や前例にとらわれていたり、行政の下請け的な活動しかしていないところもある。地縁組織のなかにもガバナンスという考え方が広がっていくことが大切である。最近では、その地区に転居してきた人たちにも組織・団体に入りやすくしたり、障害のある人や外国人などさまざまな人たちと一緒に活動をすすめていく地縁組織も多くなってきた。開かれた地縁組織にしていくためにもガバナンスは有効である。

　一方で、テーマ型の活動をしている市民のなかにも変化がみられる。自分が関心をもった自然環境や国際貢献などさまざまな社会問題の解決を図る活動をしながら、足元の地域も大切にしようという動きである。どちらも自分たちの生活や地域を大切にしたいという点では一致している。多様な人が協働できる活動をつくり、開かれた地域福祉を推進していくためにも、地域福祉ガバナンスに転換していくことが大切になる。

地域福祉ガバナンスと 「共同運営」 の視点とは？

　地域福祉をどう推進していくか―。地域住民、NPO法人、専門職、社会福祉法人等、行政など、多様な立場の人たち（アクター）が地域福祉ガバナンスを構成する。その時に地域福祉ガバナンスの「共同運営」が重要になる。地域福祉ガバナンスを共同運営によって進めていくにあたって、以下の様なことを考えて整理してみるとよい。
　例えば、
①「住民主体」の今日的な意義とその方法を「当事者主体」との関係も含めて明らかにすること
② 改めてボランティアのあり方を整理すること
③ 地域福祉を推進する多様な共同運営者それぞれの位置づけ

　④ 共同運営に参加する意義を明確にすること

　⑤ 専門職による多職種連携や専門職と住民の協働のあり方を検討すること

　⑥ 地域にあふれている「協議体」を再編成すること

　⑦ 地域生活課題とは何かを整理し、その解決の方法論や体制を構築していくこと

　⑧ 包括的支援体制の整備と地域福祉計画の策定を一体的に行うこと

　⑨ ファンドレイジングなど地域福祉財源について検討すること

　⑩ 広くまちづくり住民自治につながるデザインを行うこと

についても、考えておくことが求められる。

　こうした一つひとつについて協議するだけではなく、むしろそれらを鳥瞰して、全体像をとらえながら、どうしたら、地域福祉ガバナンスがつくれるかを検討してみることも重要である。

　共同運営の仕組みは、誰かが主導権をとる、という発想ではなく、お互い流儀が違うもの同士が共通のものをつくり出していく、ということが大切になる。共同運営に多くの参加者を得ることによって、もしかすると、その参加者自身の価値観が変化していくことになるかもしれない、そのような柔軟さが共同運営をしていく際には必要である。

《参考文献》
①　原田正樹「地域福祉計画の策定とローカル・ガバナンス─地域住民の参加と協働から」『地域福祉研究』第36巻、日本生命済生会福祉事業部、2008年、16〜27頁
②　原田正樹『地域福祉の基盤づくり─推進主体の形成』中央法規、2014年
③　「協同による社会資源開発のアプローチ」日本地域福祉学会、2019年

（原田 正樹）

3　地域福祉ガバナンスと共同運営

共同運営者とは誰か？

　地域福祉ガバナンスをすすめていくうえで、多様な人や組織が「共同運営」することが大切になる。特定の個人や組織だけではなく、幅広く考える必要があり、あらゆる人々、組織の参加を得ることが基本的な考え方である。

　具体的には、個々の住民（個人単位、世帯単位）に加えて、自治会・町内会、消防団、青年会、老人クラブ、女性会、コミュニティ協議会などの地縁型組織、当事者（団体）、地域福祉推進基礎組織（地区社協、校区福祉委員会等の名称の地域福祉推進のための組織)、民生委員・児童委員、社会福祉法人、ボランティア（グループ）、NPO等の福祉関係者、それに、地域社会を構成する組織の商店（会）、企業、学校、PTAなどがあげられる。さらに、生活協同組合、農業協同組合、漁業協同組合、医療機関などの参加も必要であろう。

　重層的なので分類は難しいが、あえてグループに分けると、次のようになる。

① 地縁組織（自治会・町内会）をはじめとした地域密着の個人・組織
② 福祉活動を担う個人・組織、社会福祉事業（あるいは社会福祉を目的とする事業）を担う組織
③ 保健・医療、住まい、就労、教育などの福祉関連領域の活動を担う組織
④ 地域社会の構成員として地域づくりに関わる個人・組織

　地域福祉ガバナンスを担う「共同運営者」は誰かと問われれば、地域社会に存在するあらゆる人々、組織、ということになる。しかし、そこにはいくつかの論点がある。ひとつは、本当にすべての人を網羅することが適切か、あるいは可能かということだ。

すべての人々・組織が参加することが大切な理由は？

　実際に推進していくうえでは、まずは地域福祉の理念・視点に基づいて、支援活動や地域づくりを行う者、あるいはそれに関心をもっている者から始めていくことになる。

　「共同運営者」が共有すべき理念・視点として重要なのは、社会福祉法における「福祉サービスを必要とする地域住民が地域社会を構成する一員として日常生活を営み、社会、経済、文化その他あらゆる分野の活動に参加する機会が確保されるように」（第4条第1項〈2020年改正により第2項〉）することである。福祉サービスを必要とする人に福祉サービスを提供する、ということではないことに着目してほしい。

　現実の地域社会では、例えば、地域の人々のなかには、ゴミ屋敷の住人にはここから立ち退いてほしいと思っている人のほうが多いかもしれない。そのことを「排除だ」と指摘して対立しても、なかなか問題の解決に至らない。先駆的な事例では、そうした時に近隣の人たちに関心をもち、何らかのかたちで参加してもらう工夫をしている。当事者と近隣の人たちの間に関係を紡ぎ、共感を得る努力をすすめることで、内発的に関係性を変えていくアプローチが展開されている。

　地域福祉ガバナンスの運営も同様である。できるだけ、多くの人々・組織が共同運営に参加を得て、内発的に関係性を構築していくことが基本的な考え方となる。少しずつ参加を広げていくというプロセスが重要になる。

異なった立場の人の意見を
まとめることはできるのか？

　多くの住民（世帯）が参加し、協議することが必要という考え方は、一見、正しいようにみえるが、必ずしもそうではない。福祉課題は当事者でないとわかりにくい、というところがあり、そのような状況下では、時に少数者の意見を多数者が理解できないまま、多数決で否定してしまう、という恐れがあるからである。

　共同運営の場は、さまざまな立場の人がお互いの理解を深め、意見を交換することが必要なのであり、それぞれの立場の人々・組織が参加するということが重要となる。とりわけ、地域の中の福祉援助を必要とする人自身、さらにその人を支えている人の参加が欠かせない。

　このような協議・調整の場は、事実上、複数、重層的に設置されるが、その際、最も基本的なものは、地域福祉計画、地域福祉活動計画の策定委員会（加えて、運営管理委員会）である。

　また、自治会・町内会域、小学校区、中学校区、市町村域におけるそれぞれの共同運営の場を考えてみると、前にあげたメンバーが小地域から市町村域に至るまですべての場面に参加するわけではない。それぞれの圏域で必要な人たちが集まり対話や協議をしていくことが重要である。NPO法人、社会福祉法人などは、通常は市町村域で参加することになるが、例えば、自治会・町内会域で「ふれあい・いきいきサロン」を実施している場合には、自治会・町内会域での参加もあり得るだろう。

　ただ、このような整理は、住民全員参加の会議や大会の開催を否定するものではない。さまざまな参加の場をつくることが必要である。

なぜ商店、企業、学校など 福祉関係以外の組織の参加が必要なのか？

　商店や企業、学校などさまざまな団体が地域福祉ガバナンスに参加するということ。これには、地域福祉が対応する課題が広がっていることが関係している。

　近年、生じている福祉課題は、社会的孤立と深く関わっていることが、指摘されている。

　社会保障審議会生活困窮者の生活支援の在り方に関する特別部会では、「生活困窮をめぐる現状と課題」について「生活困窮が広がる中で、家族などのつながりをなくして孤立化する人々が少なくない。低所得で家族をつくることができず、また年金など老後の備えをする余力のないまま単身で老齢期を迎えていく人々も増えている。社会的孤立の拡大は、自立への意欲を損ない、支援を難しくし、地域社会の基盤を脆弱にする」と述べている。

　したがって、要援助者と近隣のソーシャルサポートネットワーク、ひいては地域づくりが取り組み課題となっている。このことは、まちづくり活動はもちろんのこと、住まい、就労、教育等の確保の課題が大きく関わってくる。

　高齢化・過疎化がすすむ地域では、例えば食事や食料品の確保をいかに図るか、という生活課題が福祉課題と接近して存在している。衣食住さらに移動・通信等を支える商業活動・生産活動が生活課題を整備するかが重要となっているのである。

　このことから、企業への期待にも変化が生じている。社会貢献という視点からの活動も重要であるが、本業において、いかに活動するかが、福祉課題解決に大きく関わっているといってよい。

　このように、今までの「福祉関係者」の範囲にこだわることなく、多くの人々・組織が共同運営に加わる環境をつくることが、地域福祉の推進にとって非常に重要である。

共同運営者である自治体の 地域福祉推進に関する責任は？

　2018（平成30）年4月1日に施行された改正社会福祉法では、新設された、第6条第2項で「国及び地方公共団体は、地域住民等が地域生活課題を把握し、支援関係機関との連携等によりその解決を図ることを促進する施策その他地域福祉の推進のために必要な各般の措置を講ずるよう努めなければならない」とされ、地域福祉推進における自治体（および国）の責任を明確にしている。（2020年改正により、一部修文されている）

　第4条における規定は「地域住民、社会福祉を目的とする事業を経営する者及び社会福祉に関する活動を行う者」（この第4条以降、社会福祉法においては、この3者を「地域住民等」と表記している）が地域福祉を推進するとしており、ここには自治体は入っていない。しかし、第6条第2項では、前述のように、3者の活動の基盤整備を自治体の責任としているのである。

　「必要な各般の措置」については、「地域共生社会の実現に向けた地域福祉の推進について」（平成29年12月12日局長通知）により、次のように示している。

① 地域福祉に関する活動への地域住民の参加を促す活動を行う者に対する支援
② 地域住民等が相互に交流を図ることができる拠点の整備
③ 地域住民等に対する研修の実施

　以上のことは「共同運営者」というよりは、地域福祉の共同運営者の活動に対する支援（基盤整備等）の責任者という位置づけととらえることができる。

　ただし、直営の地域包括支援センターの専門職員（公務員）の参加

はあり得るし、また、自治体の種々の庁舎は、地域に存在しており、地域における自治体の組織、職員は、企業がそうであるように、地域社会の一員であり、そういった点では共同運営者としての行動も求められることとなろう。

　地域福祉計画策定は、自治体の責任である。ただし地域福祉計画は、住民の福祉活動そのものを規定するものではなく、「地域福祉に関する活動への住民の参加の促進に関する事項」（社会福祉法第107条第1項第4号）を定めるものである。また「市町村は、市町村地域福祉計画を策定し、又は変更しようとするときは、あらかじめ、地域住民等の意見を反映させるよう努めるとともに、その内容を公表するよう努めるものとする」としている。

　なお、福祉サービスに関する国・自治体の責任に関しては、第6条第1項において、「国及び地方公共団体は、社会福祉を目的とする事業を経営する者と協力して、社会福祉を目的とする事業の広範かつ計画的な実施が図られるよう、福祉サービスを提供する体制の確保に関する施策、福祉サービスの適切な利用の推進に関する施策その他の必要な各般の措置を講じなければならない」とし、福祉サービスの提供における国・自治体の責任を規定している。

（渋谷　篤男）

第Ⅱ章

住民自治と
地域福祉ガバナンス

社会福祉には「自治」という用語は登場しませんが、地域福祉には登場します。それが地域社会を基盤にした地域福祉の最大の特性であるといってもよいでしょう。また、この自治とは地方自治における団体自治と対をなす住民自治をさしています。さらに、地域福祉では福祉コミュニティ形成を核とする「福祉的な住民自治」をめざします。

　本章では、その主体と地域福祉ガバナンスとの関係を深めることにします。

　第1節では、地域福祉における住民主体原則について確認します。ここでは住民を生活者として地域を構成する中核となる権利主体としてとらえています。しかし、その際に最も重要な論点は「住民主体」と「当事者主体」との関係です。当事者も住民ですから、住民主体のなかに当事者という主体も含まれます。また、それは人権意識に基づく共助の関係を前提とします。

　しかし、現実の社会では無関心、無理解、差別、排除という深い溝が横たわっています。この溝から起こる抗争を「コンフリクト」と呼びますが、このコンフリクトを乗り越えた先に地域福祉がめざす地域社会が開けてきます。

　第2節では、単身社会がもたらす個人化社会のもとで、この連帯をさらに難しくさせている状況を見据えつつ、「福祉的な住民自治」をめざす展望を述べています。その時に、地域社会の基盤となる構成員である住民の職住の分離による地域の単機能化や自営業者の衰退、専業主婦の就労化などによって、今までの地域社会の担い手だけでその地域を支える方法は限界にきていることを踏まえる必要があります。そのために、住民が暮らしの基盤をつくるうえでの協同の論理を再確認しました。

　第3・4節では協同の担い手としてのボランティア活動の論点やその活動を市民事業化するNPO、第5節では地域福祉の基盤である地域福祉推進基礎組織について述べています。今や、高齢社会や個人化の傾向にある社会関係のもとでは、柔らかい分散型ネットワークや中

間・仲介支援的な専門性をもって開かれたつながりをつくることを指向する時代に入っています。

（藤井 博志）

座談会から
（編著者：原田 正樹、藤井 博志、渋谷 篤男）

住民主体の「住民」とは

渋谷　私が気になるのは、「住民」という言葉が時によって違った意味で使われていることです。住民代表、全住民、地域活動をしている住民など、「住民主体」の住民が時によって人によって何をさしているかが異なるので、改めて意識すべきではないかということです。

藤井　地域福祉の主体は誰なのかを改めて整理しなければならないということですね。まずは、問題を抱えている当事者、そして、今は問題が深刻ではない一般の住民ですが、そのなかには地域のリーダー、NPO法人、協同組合、労働組合、そして企業と、多様な主体があります。今後、どういう人たちの参加をより促していくのかを考えつつ、みんなが参加できる場をつくっていくことが大切だと思います。

原田　1960年代に「地域福祉の主体は住民だ」といわれるようになりましたが、当時は「行政か、住民か」の違いでした。でも今は、住民のなかにさまざまな立場の人もいれば、社会福祉法人、NPO法人、企業など地域福祉推進のステークホルダーが広がっています。今の時代のステークホルダーをどう規定してガバナンスをつくるかが求められているのです。

当事者と住民との合意形成が重要

藤井　そのなかで原点となるのが当事者と一般住民だと思います。岡村重夫先生のいう福祉コミュニティ論は、当事者を核としてコミュニティをつくっていくという考え方です。厳密に言えば、当事者主体だと思います。一方で、福祉課題を抱えていない一般住民にも、生活困窮などの生活課題が広がってきています。ですから、当事者中心の福祉コミュニティづくりは非常に重要ですが、町の福祉化、福祉のまちづくりも同時にすすめていかなければなりません。後者は、非常に重い課題を皆で共有しようということではなく、介護予防や健康問題など予防的なことが主流なので、この二方向からのアプローチが、地域福祉ガバナンスの実践方法として重要であると感じます。

原田　福祉コミュニティを広げなければいけない一方で、広げるだけでは当事者問題やマイノリティの問題は希薄化するので、一般コミュニティの福祉化という両方が必要であり、そこに地域福祉ガバナンスが必要ということですね。

藤井　その接点が地域共生社会の領域だと考えています。

渋谷　支え手としての住民の意向も非常に大事ですよね。その際、支え手の論理だけではだめで、自分も支え手から受け手になる可能性があるという認識と、当事者の生活を守り支えることが自分たちの地域を支えることになるという理念があれば、乗り越えられるのではないかと思います。

藤井　その通りで、国に対する政策要求は当事者のニーズを主張するスタンスでよいと思いますが、地域は皆が暮らす場であるので、全体の合意が必要です。当事者性を組み込んだ自治のあり方が地域福祉ガバナンスであり、単なる住民自治ではなく、福祉性のある住民自治だと考えています。少数者の福祉課題と多数者

の生活問題を合意形成をしながら地域の福祉のあり方を決めることが福祉政策だと思います。

1 住民主体の今日的意義

地域福祉における「住民主体」とはどういう意味か？

　地域福祉は、住民はもとより専門職、事業者をはじめとした多様な主体による活動や実践の協働によって実体化される。そのうち、地域福祉の基盤となる主体は地域住民とされている。この観点から、地域福祉は「住民主体」という用語を重視する。この用語は地域住民が自らの暮らしづくりの主体であることを示す。それは、社会福祉援助における自己決定の原則の一般住民への普遍化であり、地方自治における住民自治に基づく考え方である。井岡勉（2016）によれば、住民主体の原則とは、住民は地域・自治体の主権者であると同時に地域生活と福祉の権利主体であることの両面性を統一して追求・貫徹しようとする原則であると定義している[1]。このように住民主体とは、「住民主体のサービス」という用語のように、「住民が行う」という単なる担い手を示すだけの用語ではない。

　また、地域の暮らしのあり方は自己と同時に他者もよりよく生きることを尊重し、ともにつくりあげなければ成立しない。すなわち、住民主体とは、互いの多様性と基本的人権を尊重したうえでの連帯を前提とした住民の権利主体認識である。

　さらに、この住民の主体認識は、生活者として経済的安定、職業の機会、身体的・精神的健康、社会的協同の機会、家族関係の安定、教育の機会、文化・娯楽への参加という社会生活の基本的要求のどれを欠いてもよりよい暮らしはできないという生活の全体性を有する生活者主体としての認識である 。

地域福祉における「住民」とは誰か？

(1) 社会福祉法における地域住民の多様性

　社会福祉法の第4条では地域福祉の主体を「地域住民、社会福祉を目的とする事業を経営する者及び社会福祉に関する活動を行う者（以下、地域住民等）」と規定している。ここでは、地域に関わる者を地域住民からボランティアなどの活動者や事業者等までを地域住民等として幅広くとらえている。もう少し厳密にとらえると、住民は「当事者と一般住民」「地域づくりのための活動者・住民リーダーと一般住民」に分類できる。

　地域組織については「地縁型の地域組織」と「アソシエーション型のボランティアグループやセルフヘルプグループ」に分類できる。また、社会的協同組織として「公益性をもつNPO法人、社会福祉法人」や「共益性をもつ協同組合、労働組合」などに分類できる。さらに地域貢献を行う自営業者や営利企業がある。このように地域福祉を形成する社会的基盤となる人や組織は多様である。

(2) 基盤となる当事者主体と住民主体

　前述のような地域福祉を形成する多様な主体のなかでも、その中核は「地域で暮らす居住者としての住民」である。しかし、その時に当事者と一般住民との関係が当事者主体と住民主体の関係として課題となる。

　地域福祉では当事者と一般住民の関係を固定的なものでなく相転換の関係として理解する。したがって、当事者主体という考え方は住民主体に含まれる主体認識である。それが「助け、助けられる関係」「信頼関係に基づいたお互いさま（互酬性）の開かれたつながり（ネットワーク）」というソーシャルキャピタル（社会関係資本）とも密接に関係する。しかし、当事者主体と住民主体の関係は必ずしも調和的な

関係だけでなく、むしろコンフリクト（対立）をともなう。地域政治においては、少数者の問題に対する無理解や偏見、差別などにより地域社会がその問題を取り上げないということもよくあることである。地方自治においては、税の配分を含めた少数者への配慮への合意形成は民主主義の試金石である。

　このことから、地域福祉は「福祉」の側面から、住民主体の前提として、当事者主体としての福祉コミュニティの形成をめざしてきた。

　一方、近年では、高齢者の買い物支援や移動支援にみられるように、かつては少数の福祉課題だったものが多数の生活課題として広がりつつある。その場合には、「まち」全体を福祉化する福祉のまちづくりがめざされることになる。この福祉コミュニティと福祉のまちづくりのふたつの領域の広がりの接点に地域共生社会の形成があるといえる。

　地域福祉は、このように当事者側からと一般住民側からの双方の福祉への参加を実践課題とする。したがって、この双方からのアプローチのなかで生じるコンフリクトの克服、また、その先にある共同性の形成を当事者・一般住民の相互変容過程としてとらえて取り組む必要がある。この克服の過程が福祉的な住民自治としての地域共生社会の形成を深化させるのである。

　したがって、このような地域福祉における地域づくりの推進力を生成する場として、当事者が参加した地域住民の協議・協働の場が必要になってくる。また、この協議体運営に、絶えず権利擁護の視点からの点検や修正を加えるのは福祉専門職の役割である。

▋地域福祉における住民主体の 今日的意義は何か？

　地域住民が主体となって地域福祉を形成する意義を、これまでの議論に基づき次の5点で説明しておきたい。

①社会的孤立からつながりを再生する

　現代的な課題のひとつは社会的孤立である。この状況を生み出す要因は多様であるが、生活の場である地域は暮らしの助け合いから、つながりの再生に取り組む最適の場である。地域住民はソーシャルキャピタル生成の中心となる主体といえる。

②生活者視点に基づいたネットワークの促進

　地域住民の生活の基本的要求を中核に、その暮らしの条件づくりのために関係者が連携していくことを促進する。

③生活に必要な支えの確保と創出

　地域住民が暮らしの観点からサービスを評価したり、さらに住民自らが暮らしに必要な「支え」を生み出していく役割が求められている。それは、資本主義社会が単身社会化を促進することへのリスクに対する生活防衛である。従来は家族が補っていた機能を、専門的かつ部分的なサービスの消費では十分に補完できない。

④当事者を中核とした社会変革をすすめる

　多様な生きづらさを抱える当事者が地域で暮らせる地域づくりこそが、多様性と人権尊重の地域共生社会づくりの起点となる。

⑤地域福祉からローカルガバナンスを促進する

　地域福祉は地域社会の中で福祉的な住民自治を形成する直接参加の実践である。また、そこには当事者・地域住民だけでなく、専門職・事業者、行政の参加を予定している。したがって、地域福祉は、議会制民主主義による地方自治において、福祉の側面からの支え合いから政策決定に至る多様な直接参加を促進し、間接民主制を補完する機能をもつ。それは、住民、事業者、行政の相互参加・協働を促進させるローカルガバナンスの機能を果たしているといえる。

住民主体の福祉のまちづくりをすすめる 条件整備はどのようなものか？

　このような、福祉的な住民自治を形成する条件とは何であろうか。地域福祉とまちづくりの接点の課題として次の3点を指摘しておこう。

　第1は福祉的な住民自治を形成する主体としての住民の養成である。そのためには、人権教育や社会教育を住民自治教育と障害福祉に関連づけて福祉教育や生涯教育のあり方を再度点検する必要があろう。障害福祉を重視するのは、その領域が子どもから高齢者までの全世代にわたるとともに、障害者権利条約に基づく社会モデルの障害観を、すべての人の課題としてとらえることができるからである。

　第2は地域福祉推進基礎組織の組織化と活動の推進である。近年の都市部の小地域福祉活動においても、見守り活動のニーズが増大していることから地区・小学校区域の活動ではなく、身近な自治会域の活動に接近する傾向にある。一方、郡部では集落機能の維持からおおむね小学校区域にプラットフォームとしての拠点や地域運営組織づくりが提唱されている。このように都市部・郡部にかかわらず、自治会域と小学校域の二重構造の重層的な地域づくりがすすめられている。このような地域自治組織（地域運営組織）の組織化の過程のなかで、それらの組織の福祉性の担保は、地域福祉推進基礎組織の蓄積によるところが大きい。

　第3は住民自治活動を分断させない行政のアドミニストレーション（政策運営管理）のあり方である。それは地域福祉の視点でいえば総合計画と地域福祉計画のあり方と関連しており、庁内にふたつの連携が促進される必要がある。この庁内連携は、おのおのの行政権限をもつ部署間を越境することであり、地域福祉の最も困難な課題のひとつである。この場合も、住民主体としての地域自治組織（地域運営組織）を地域基盤とすることによって、生活者視点に基づく行政の変革がすすむことが期待される。

　なお、このふたつの連携のひとつは福祉部局内連携である。例えば、生活支援体制整備事業は介護保険事業であるが、事業の性質から介護保険部署のみでの実施は困難である。そのため、介護保険事業計画にこの事業を位置づけると同時に、地域福祉活動として地域福祉計画に位置づけ、むしろ地域福祉関連部署を主として推進することが望ましいと考えられる。また、社会的孤立対策として生活困窮者自立支援制度を位置づけるならば、これも生活保護関連部局と地域福祉関連部署の連携が必要である。もうひとつは、福祉部局とまちづくり部局等の生活関連部局との連携である。

　このように、住民主体は地域住民が自らの暮らしの再生やつながりをつくる主体認識としてますます重視される必要がある。それは、福祉への関係者の直接参加を促進し、人権尊重と多様性のある福祉的な住民自治、地域共生社会形成の原動力となる。また、自治体を法律順守行政から生活課題優先行政へと転換させていく中核的変革主体として期待されるのである。

《引用文献》
＊1　井岡勉・加戸一郎監修『地域福祉のオルタナティブ―〈いのちの尊厳〉と〈草の根民主主義〉からの再構築』法律文化社、2016年、224頁

《参考文献》
①　岡村重夫『地域福祉論』光生館、1974年

（藤井　博志）

2 「単身化社会」のもとで 福祉的な住民自治をつくる

単身化社会は地域づくりに どのように影響するのか？

　少子高齢、人口減少社会を巡るキーワードはどれも深刻である。そのなかでも地域社会のあり方に重大な影響を及ぼすのは、「単身化」ではないだろうか。

　単身化社会は、世帯から個人を中心にしたつながり方へと変化させる。世帯で構成される自治会はその世帯が単身化するのである。また生活課題の視点からは、個人の生活リスクとその総合的対応の必要性が増大する。しかし、その担い手は少子高齢化のもとで減少していくというジレンマをともなう。この変化に対応して、人々の暮らしを維持できる地域社会の仕組みを早急に構築していかなければならない。

身近な地域福祉活動を担う組織は どのような組織か？

　単身化社会に超高齢社会が加わると、高齢者の行動圏域の狭さから、より身近な福祉活動が求められるようになる。その意味で地縁団体は重要である。自治会は加入者が減少しているといえども、防犯や環境問題への対応、地域福祉をはじめとした多様な暮らしの基盤となっている。しかし、自治会等の地縁型組織が、その暮らしの基盤を担いきれなくなりつつある。一方、それらを安易に行政や企業のサービスとして外部化することは、住民の自治力を衰退させることにつながる。したがって、地域住民による自らの暮らしづくりのための、新たな公共的

な取り組みが共助として求められるのである。そして、その焦点は互助活動であろう。地縁型組織は近隣での共同意識に根ざした互助のつながりを再生しつつ、より普遍的な価値に基づき外部の資源も取り入れられる、共助のしくみとしての協同組織への再組織化が求められる。

　地域社会にはボランティア活動やセルフヘルプグループ、またその両者の間に多様な団体が存在している。地域ボランティア活動は、かつての社会変革をめざしたボランティア活動というよりも、近年では地域の子育てや介護を終えた女性を中心として、その経験と当事者性を活かした助け合い活動として盛んになってきた。少なくとも、団塊の世代が後期高齢者になる2025（令和7）年までは、互助・共助の中心的な担い手として活躍するであろう。しかし、その後の50歳以降の地域のつながり方は、1990年代以降のバブル経済崩壊後の貧困化と個人化の時代にあっては世代間断絶をともなって深刻な課題である。

　また、単身化社会は個別の多様なニーズを増大させる。地域社会では、その多様なニーズをもつ当事者同士が自由に集まれる場づくりが重要である。その代表がセルフヘルプグループである。セルフヘルプグループは、各個人が抱える生活課題や生きづらさ（社会的障害）を共通テーマに集まり、その苦しみを分かち合うなかで解放（エンパワメント）され、社会的な無理解・偏見・差別を社会に訴えるというソーシャルアクションまでを機能にもつ自助グループである。セルフヘルプグループはあくまでも自助・互助組織である。しかし、多様な課題が制度の狭間の課題として広がっている今日においては、その存在自体が当事者の居場所となる。多文化共生時代の地域社会における地域福祉基盤として重要になってくるであろう。

企業や個人事業者などが地域参加する動機に変化はあるのか？

　企業や個人事業者、また、生協や農協、労働組合などの社会的な協

同組織、さらにはNPO法人、社団法人などの公益団体なども地域志向が強まっている。なぜなら、これらの組織の構成員も家族の縮小化や単身化のなかで、介護離職やダブルケアなどの生活リスクが増大しているからである。従来の「企業の社会的責任（CSR）」や公益活動における地域貢献とともに、自らの組織問題として地域福祉に参加する動機が高まってきているといえよう。社会福祉施設の地域公益活動も同様である。これらの事業展開力のある組織が自らの課題として地域参加し、住民と協働する時代がやってきているのである。

ガバナンスの観点から地域で協同する意義とは何か？

これらの多様な主体の地域志向が高まっている現在、地域福祉ガバナンスの観点からどのような取り組みが求められているであろうか。地域福祉ガバナンスの重要な目的は、地方自治における社会福祉形成において、多様な主体の地域福祉への直接参加を促進することにある。それは、単なる担い手としての直接参加の促進ではなく、福祉的な住民自治形成を目的とする。

それでは、以上に述べた多様な主体のなかで、どのような組織が福祉的な自治形成の基盤となるのであろうか。

住民自治をめざした福祉コミュニティ組織の代表例に地区社会福祉協議会（以下、地区社協）などの地域福祉推進基礎組織がある（第5節で詳細を解説）。この組織に期待される機能は、①連絡調整と合意形成、②小地域福祉活動計画策定、③活動推進と活動支援（活動組織を生み出すインキュベータの機能や活動財源確保）などである。これらの機能は地域の福祉力とも呼ばれている。それは、地域住民の課題の発見、その課題の共有化と協同化、それを通した将来のビジョンづくり（計画策定）を醸成、発揮する機能であり、これらが福祉的な住民自治機能の内実である。

　しかし、近年では、これらの福祉コミュニティが前提とする一般コミュニティの衰退と生活課題が広がっている。それに対して、福祉コミュニティ以前に一般コミュニティの再形成や、あらかじめ福祉活動を組み込んだ一般コミュニティ形成の取り組みが求められる。これらは平成の市町村合併が契機となり、地方での地域自治組織・地域運営組織づくりとして広がっている一方、都市部でも、暮らしの自治形成をめざすソフト機能として、まちづくり協議会を形成するコミュニティ政策を推進する自治体も増えてきている。また、地域づくりを目的とした地域を限定して活動する地域ボランティアや住民自治型のNPO法人も散見されだした。

　以上の自治体における住民自治の取り組みは、住民自治条例の制定と住民自治組織による地区計画づくり、包括補助制度がワンセットになったコミュニティ政策としてすすめられている。

地域づくりと地域福祉の組織の共通点と相違点は何か？

　この地域づくり組織と地域福祉推進基礎組織など地域福祉組織には次の共通点と相違点がある。

　共通点は、住民自治の基礎圏域が自治会域と小学校区域の二重構造になっている点である。一枚岩の自治会組織は崩れだすと早い。それをネットワークで覆う小学校区域の地域づくり組織とは補完関係にある。例えば、自治会の未加入者は、共働きで子育て中の若年層世帯か、単身高齢世帯に多い。地域福祉推進基礎組織は原則的には自治会への加入とは関係なく、この層への見守り支援をする。一方で、小学校区域の規模であれば多様な活動を展開できるが、地域福祉活動の主流を成す見守りや居場所づくり、地域の支え合いは、より身近な自治会域を想定した取り組みが適している。

　相違点は、地域づくりにおける「福祉」の位置づけである。地域福

祉推進基礎組織は福祉当事者を核とした地域づくりをめざす。しかし、地域づくり組織における福祉は、地域課題のひとつにすぎない。地域福祉ガバナンスの視点からは、福祉を基盤においた地域づくり機能の形成、いわゆる「福祉でまちづくり」を地域づくりの主流におきたいところだが、その理解は地域づくり組織においては希薄であることも多い。地域福祉づくりと地域づくり双方からのアプローチによる、共通基盤づくりのための協議が求められているといえる。

活動を活発にする組織の要件は何か？

この両者の組織にかかわらず、自律的で活発な住民自治を形成する組織要件は次の5点が共通して指摘できる。

1点めは、組織構成において、地縁型の既存団体の参加による地域の緩やかな合意形成と個人資格での有志の参加が保障されている組織である。

2点めは、地域内の社会福祉施設や企業など、多様な事業体の参加を可能としている組織である。

3点めは、中期ビジョンを地区計画として策定し、中期的な目標のもとで単年度の活動を積みあげている組織である。

4点めは、多様なかたちで地域づくりに参加する団体が「地域（福祉）に関わる」という幅広いテーマで出会いの場となるプラットフォームを形成している組織である。メンバーが高齢化したり次の担い手がいない組織は、別の協議体組織に参加することで、組織に負荷がかかることを嫌う。その一方で、柔らかなコミュニケーションのもとで共通のテーマをもつ団体同士が知り合える場を求めている。そのような出会いの場をつくることで、結果的には多様で創発的な協同活動を自発的に生み出すことになる。

5点めは、何らかの地域の代表性を有していることである。地域福

祉ガバナンスの観点からいえば、地域福祉条例や地域福祉計画に位置づけられた地域団体であることが望ましい。

福祉的な自治形成支援の専門性はどのように担保するか？

　前述した住民自治を担う中間組織を育成するためには、専門的かつ継続的な中間支援機能の提供が必要である。しかし、自治体は、人事異動が頻繁なことや地域住民の直接参加の場である地域づくり組織と間接参加の議会とのバランスを含め、単独でその機能を果たすことは難しいだろう。この自治体機能の短所を補完するためには、住民自治形成の専門性を蓄積し、継続的に地域を支援する中間支援組織の存在が重要性を増してくると思われる。特に福祉的な自治形成の観点からは、社会福祉協議会がその機能を発揮できるかどうかは、地域福祉ガバナンスの形成において重要な検討課題であろう。

暮らしの基盤をつくるとはどういうことか？

　近年のグローバル経済の席巻は、社会的な孤立と排除とともに地域の衰退を加速させている。それに対して、日本におけるセーフティーネットには雇用保障、社会保障・公的扶助に続くセーフティーネットとしての地域づくりが注目されている。そのなかで、地域福祉による暮らしの基盤づくりとは、どのように考えるべきだろうか。

　暮らしの基盤として最低必要なのは、公共施策と公共財としての施設やサービスの整備であろう。安全としての消防・警察署、環境としての公園、里山保全、ゴミ焼却施設、教育・文化としての学校教育や公民館の社会教育や生涯教育などがあるが、なかでも健康福祉の施設・サービス整備のニーズは高い。

　それでは、これらの公共施策や施設・サービスは、今までどのように整備されてきたのであろうか。その多くの過程には地域住民の参加がみられる。初めに個人としての必要性が発生し、その必要性が集合的な高まりとなると共同活動（いわゆる助け合い）が行われるようになる。そして、公的整備をめざす要求運動に発展する。このように、一見、私的ともみえる生活の困りごとを、私たちの問題として社会化する行為を通して暮らしの基盤づくりが行われてきたのである。

　例えば、保育所をみてみよう。地域運動の文脈からみると1960年代には、農村では繁忙期における簡易保育所づくりの要求運動が、社会福祉協議会の地域組織化活動として行われた。一方、都市部では、共働き労働者の地域運動として共同保育所・学童保育所づくりがすすめられた。これらの運動は、一見、私的とみなされる「子育て」という家庭における生活行為を社会化して公的施策にする運動であった。しかし、その子育てという行為を手放すのではなく、親たちが運営に関わることによって子育てを共同消費手段に高め、自らの暮らしの基盤にしてきた実践であった。このように、生活とは自らの暮らしに必要な資源を能動的につくり出し獲得する過程を、個人化せずに協同行為として行い、つながりながら共同の資源を生み出していく営みである。また、その協同の過程では豊かな生活文化も創造されるのである。

社会福祉における社会資源開発は暮らしの基盤づくりに有効か？

　現在、問われている社会福祉における資源開発は、暮らしの基盤をつくるのにどこまで有効であろうか。一般にそれは、個人のニーズに対応する援助手段としてのサービス開発が期待されているのではないだろうか。しかし、そのサービスは、個人を一時的に支援できても、個人が社会とつながり、地域をつくるための暮らしの基盤となるかは疑問である。暮らしづくりには、地域での生活構造から生じるニーズ

とサービスを協同化する主体（人・組織）の形成が最も問われる。その主体がサービス提供主体にとどまるのか、暮らしづくりの主体になるのか、このふたつの立場をめぐる相克は常に社会福祉の実践では問われている。例えば、1980年代なかばから起こった主婦たちの社会運動として、住民参加型在宅福祉サービスづくりがある。その今日までのあゆみは、介護保険制度がもたらしたサービス供給主体の民営化と多元化のなかで、単にサービスの担い手になるか、介護問題・生活問題の協同化・社会化の担い手になるかの間で揺れ動いてきた典型的な地域福祉の歴史である。

地域福祉ガバナンスとしての暮らしの基盤づくりとは？

　地域福祉ガバナンスという福祉的な自治形成の視点からは、当事者と住民が暮らしづくりの担い手として主体化する実践が模索される必要がある。さらに、社会福祉実践者（ケアワーカー・ソーシャルワーカー）と自治体職員はその主体を支援しつつ協働することが求められる。それでは今日的な暮らしの基盤づくりの実践とは、どのようなものであろうか？　ここでは、「地域共同ケア」と「中間的社会空間」という概念をもとに考えてみたい。

　「地域共同ケア」という名称の初出は、1990年頃に兵庫県伊丹市社協が地区社協と始めた認知症高齢者のミニデイサービスの名称である。その当時、筆者は住民の共同性によって認知症高齢者が地域の仲間として迎えられる姿に、それまでの介護現場にはない、暮らしの場の力を感じたのである。それは住民同士の関係性が生み出す居場所という磁場であった。介護保険制度の施行を経た現在、認知症ケアは制度化され、地域共同ケアはその当初の役割を終えた。しかし、それらを担ってきた地域活動者はその後、認知症高齢者や子どもも参加する共生サロンをつくっている。筆者はこのような地域ケアを次のように定義し

ている。

「地域共同ケアとは、地域という生活の場において、分かち合う関係性が求められる中で、家族、住民、専門職、行政までのあらゆる関係者が参加し、当事者本人を主体としたケアをつくりあげる実践である。地域とケアの関係では、ケアがコミュニティをつくり、そのコミュニティが当事者への豊かなケアをつくるケアリングコミュニティを目指している実践である」[*1]

兵庫県 西宮市社協は1981（昭和56）年に重度障害者のための通所施設青葉園を開設した。その1年半後に定められた青葉園基本理念は、この施設を通所施設としてではなく、重度障害者の「生活拠点的場」として規定している。そして、その場は「園にかかわる全ての人たちが一体となって、共に考え、悩み、理解し合い、そして主体的に生き合うくらしを創造していくこと」を基本目標にしている。青葉園ではこのことを「相互主体化」と呼んでいる。

開設から約40年を経て、青葉園と西宮市社協は、重度障害者が親が元気なうちに自立するための地域自立生活支援・権利擁護システムと、重度障害者を地域に住む人として当たり前に受けとめる地区社協を創造してきた。そして、その到達点として、当事者・地域住民が交じり合いながら地域共生社会をつくることを目標とする「地域共生館・ふれぼの」を2016（平成28）年に開設している。

穂坂光彦は、今日の高度に制度化されたサービスの管理とグローバル化した市場の拡大・浸透に対して、共生的な中間的社会空間としての場・関係・活動が、開発福祉として必要であると説いている[*2]。

地域共生館もそうした実践のひとつといえるが、この概念を地域という空間にまで広げた実践が、大阪府箕面市にあるNPO法人「暮らしづくりネットワーク北芝」の実践である。北芝の特徴は、約200世帯の地域コミュニティと一体となりながらも、外部の若者も参加した、柔らかな社会運動を実践している点である。その活動・事業は、行政の施設管理や生活困窮者自立支援事業等の受託、地域コミュニティ事

業や土地管理会社、子どもの役割づくりを目的とした一般店舗、コンビニでも交換できる地域通貨、ファッションブランドと提携したひとり親家庭の仕事づくりなど多彩である。また、その運営は単一組織ではなく、目的別の組織が連携したホールディングスの形態で最先端の地域経営を行っている。

　しかし、これらの活動・事業を生み出すもととなる実践は、地域住民の交流のなかで発せられる「つぶやき」を拾いあげる実践である。そのつぶやき（＝暮らしの悩みや望み）をもらした本人とそれをキャッチしたコミュニティワーカーであるスタッフがともに活動や事業をつくりあげていくという、暮らしづくりのプロセスそのものを重視している。また、そこで発見した地域課題を自治体全域の共通課題として、その課題解決を自治体や社会にはたらきかけている。このように、つぶやきから気づかされるニーズに立脚して、地域での暮らしの基盤を形成し、その成果を自治体や社会に広げていく実践は、必然的にまちづくりと福祉、しごと・役割づくりが一体となった人権保障と社会的包摂を活動理念とする共生のまちづくりにつながっている。

地域福祉ガバナンスとしての共助とは？

　地域福祉は自助・共助・公助の3領域の活動・事業が共助を中心として展開される福祉である。地域福祉ガバナンスの視点からは、しっかりとした公助の基盤のうえに豊かな共助が育ち、その共助のなかで自助が育まれるという関係を目標とする。その関係において共助は、人と地域を育む暮らしの基盤となる。今日的な共助は、個人化や過度の自己責任主義から生じる孤立や排除への対抗としての協同行為としての意義がある。

　このように、地域福祉ガバナンスがめざす暮らしの基盤づくりは、一人ひとりの暮らしのためのニーズを単品化したサービスニーズへ転

化するのではなく、協同化と社会化に向けた実践である。また、それは住民同士の助け合いという互助に押し込めるのではなく、人権に基づいた協同化と社会化としての共助をめざす。そしてその形成過程は社会的共通資本としてのサービス・活動で支えられながらつながっているという安心感を生み出す。それが、次の暮らしの基盤をつくる力を生み出すのである。

《引用文献》
＊1　藤井博志監修『地域共同ケアのすすめ』CLC、2011年、2頁（一部表現変更）
＊2　日本福祉大学アジア福祉社会開発研究センター編『地域共生の開発福祉─制度アプローチを越えて』ミネルヴァ書房、2017年、25〜35頁

《参考文献》
①　中條共子『生活支援の社会運動─「助け合い活動」と福祉政策』青弓社、2019年
②　中沢弘文『社会的共通資本』岩波新書、2000年

（藤井 博志）

3 地域福祉における ボランティア活動の存在

　本節でいう「ボランティアの活動」とは、個人、組織（グループ）、法人格を取得している組織（多くの場合NPO法人）の無給メンバーの活動をさし、時により、企業・商店、学校、社会福祉施設等のメンバーの活動、そして組織としての社会貢献活動をさす。また、地域住民とボランティアとの区別については、具体的な福祉活動、地域活動を行う人をボランティアと呼ぶこととしたい。

地域福祉におけるボランティアの役割は？

　ボランティア活動は、自らが把握した福祉課題を何とかしたいと考え、解決に向け自主的に取り組む活動である。しかし、財源が不十分で制度が未整備だった時代には、制度のたりないところを補うという性格も強く、ボランティア自身にもそれをよしとする意識がみられた。
　そして、このような活動が制度で対応できないニーズに積極的に取り組むことにより、福祉制度の不十分な部分を社会に明らかにすることにもつながり、また、そのニーズに対する社会の理解が徐々に得られ、必要な支援として認知されていく流れができていった。先駆的な活動を実施することで、制度を引っ張ってきた、ということができるだろう。
　さらに、介護保険など制度が大きく発展・充実する時代を迎えても、制度では対応できないニーズが少なからず存在することが明らかになった。いわば「ボランティアでなければ対応できないニーズ」が認識されるようになってきたということができるだろう。つまり、
　① 住民でなければできないこと、ふさわしいことがある

② 地域活動、ボランティア活動で培われた意識が制度を支える（制度への理解が深まる）

③ 住民の意識が変わらなければ制度も成立しないことがある（例えば、障害者差別解消法、LGBTQ等）

などの点から、単に手伝うことではないボランティアの固有の役割は整理できる。

　やや抽象的ないい方となるが、要支援者を具体的に支援するとともに、要支援者を支える地域社会とのつながりづくり、さらにそれを支える地域づくりをすすめることがボランティアの役割であると整理することができるだろう。

ボランティアの活動は福祉分野に限るのか？

　保健・医療、まち・芸術づくり、観光、地域振興、学術、文化、環境、災害救援、人権擁護など、さまざまな分野でのボランティア活動があることを考えれば、福祉に限るということではないだろう。

　しかし、近年の福祉分野のなかでの課題をみてみると、「福祉課題」というよりは、「生活課題」という用語のほうが適切と思われることが多く、その文脈で、他分野の活動につながっていくことがわかる。また、ボランティアがさまざまな課題への取り組みを通して、ボランティア間で、さらに周りの人々と共感を得ていく、という行動様式に、むしろ分野を越えた共通の可能性を感じるのではなかろうか。

　このことは、2017（平成29）年の社会福祉法改正において、「地域生活課題」を「福祉サービスを必要とする地域住民及びその世帯が抱える福祉、介護、介護予防（要介護状態若しくは要支援状態となることの予防又は要介護状態若しくは要支援状態の軽減若しくは悪化の防止をいう。）、保健医療、住まい、就労及び教育に関する課題、福祉サービスを必要とする地域住民の地域社会からの孤立その他の福祉サービ

スを必要とする地域住民が日常生活を営み、あらゆる分野の活動に参加する機会が確保される上での各般の課題」としたことにも関係している。

自治体の責任を
ボランティアに押しつける可能性は？

このように整理しても、ボランティアからは、次のような疑問が投げかけられるだろう。

① 政府の財政負担を減らすためではないか
② 自治体の仕事を押しつけるのか
③ すでに地域社会の担い手が少ないなかで本当にボランティアが担えるのか

①や②については、省庁や自治体によっては、このような疑問をもたれてもやむを得ない実態があるように思われる。

ボランティア活動をすすめていくには、なぜボランティアがその活動を担うのかを明確にし、理解を得る必要がある。

このような論議を地域関係者において行うことが、地域福祉ガバナンスにおいて欠かせないことではなかろうか。

ボランティアの自主性と
地域福祉ガバナンスの関係とは？

ボランティア活動には、自主性、主体性が重要である。しかし、まったく自主的に活動に参加する人は必ずしも多くない。

ある地区社会福祉協議会の役員が言っていたことがヒントになるように思われる。

　「ボランティアには、『手挙げボランティア』と『頼まれボランティア』がいる。手挙げボランティアは自ら手を挙げて活動し参加する。頼まれボランティアは、知り合いに誘われて、しょうがなく活動に参加したのだが、回を重ねるにつれ、熱心に活動に参加するようになった、どちらかが優れているわけではない」。

　このように、自主性・主体性を大切にしつつも、活動への参加をはたらきかける方法はいろいろとある。

　また、地域でさまざまな活動を行っている団体が、ともに地域の福祉全体を考える、協働をするとなると、なかなかまとまらないことがある。ボランティアも地域福祉ガバナンスの共同運営者の一員である。お互いの価値観や方向性の違いを認める、ということから出発することが基本となるが、粘り強い協議、調整が常に求められる。

ボランティアへの自治体の責任は？

　ボランティアに対して、自治体から活動の対価として、賃金に当たるものを支払うという考え方はない（これは、ボランティアの協力を得ている社会福祉法人等も同様である）。しかし、ボランティア活動を促進するという立場から、活動の基盤整備のために公費を支出するということは行われてきた。

　社会福祉法改正で新設された第106条の3第1項では「市町村は、次に掲げる事業の実施その他の各般の措置を通じ、地域住民等及び支援関係機関による、地域福祉の推進のための相互の協力が円滑に行われ、地域生活課題の解決に資する支援が包括的に提供される体制を整備するよう努めるものとする」として、
　① 地域住民の参加を促す活動を行う者に対する支援
　② 相互に交流を図ることができる拠点の整備
　③ 研修の実施

④ その他の地域住民等が地域福祉を推進するために必要な環境の
　整備に関する事業
⑤ 地域住民等による相談活動の支援
をあげている。

　いわゆる努力義務であるが、地域福祉計画に具体的に書き込まれる
ことが期待される。

「有償ボランティア」の位置づけは？

　有償・有料の福祉サービスは、低額のお金を介在させて、受け手も
担い手も気兼ねなくサービスを受け、提供するという仕組みである（全
国社会福祉協議会では、「住民参加型在宅福祉サービス」という名称
で推進してきた）。多くの場合、会員制で、サービスの受け手（利用
会員）も担い手（提供会員）も会員となる助け合いの仕組みをとって
いる。担い手の受け取る金額が低額であること、指揮命令系統になる
のではなく、コーディネーターが受け手・担い手間の調整を行うとい
う前提で、労働者には当たらないという整理になっている。

　しかし、近年は、労働形態の多様化のなかで、この住民参加型在宅
福祉サービスの担い手のなかにも有償の福祉サービスをパートタイム
労働と考えている人が存在する。また、高齢者が年金だけでは生活費
がやや不足するので、安くても賃金を得たいと考えることもある。

　このように有償ボランティアについては、ボランティアとは何なの
か、という基本問題の論議にも発展するテーマであると思われる。こ
こでは、地域福祉の担い手は、活動内容も指向も多様であり、現に地
域に存在するもので、どのように構成するか、というのがこの地域福
祉ガバナンスの課題であると整理しておきたい。

地域福祉における地縁型ボランティアと
テーマ型ボランティアの違いは？

　テーマ型組織（NPO法人、ボランティアグループ等）は、一定のテーマや目的に基づいて活動を展開する。地域の中の福祉ニーズ、生活ニーズに、何とか対応したいという強い問題意識に支えられた活動である。

　一方、地縁（型）組織（自治会・町内会、まちづくり協議会、地区社協、老人クラブ、女性会、商店会等）は、地縁を基盤とする組織であり、地縁を大切にしながら、活動を展開する。

　地縁型は面として支えるが、テーマ型は利用者と担い手を結ぶ線として支える傾向が強い。テーマ型は、支援を必要とする少数者側に立ち、その課題の解決に直接的に力を発揮しやすいため、結果、地域の多数者と対立する場合がある。一方で、地縁型は地域内の合意を得ることに重点をおくため、多数者に共通する課題には力を発揮するが、少数者の課題への対応力は弱い傾向がある。

　地縁型は個々の担い手に重い負担をかけることは難しいが、逆にちょっとしたことであれば頻度が多くても対応しやすく、テーマ型では、移動サービス、食事サービス、ホームヘルプサービスなど、高度なシステムを必要とするものには対応しやすい。そのため法人格をとるところも多い。

　このふたつのボランティアの違いは、対立軸としてとらえるのではなく、多様性ととらえ、両者の長所・短所両方を受け止める必要がある。

（渋谷　篤男）

4 NPOが地域福祉ガバナンスに参画する意味

　全世界的にVUCA（不安定・不確実・複雑・曖昧）の時代といわれるなか、日本も「課題先進国」としての指摘を受けることが増えてきた。確かに福祉や環境、経済、教育など多くの分野で危機的な状況が叫ばれている。

　地域に目を移すと、人々のライフスタイルが急激に変わり、多様化する社会的ニーズにどう対応していくのか、議論とともにさまざまな試みがなされている。SDGs（持続可能な開発目標）の考え方もこうした試みのよるべとして少しずつ地域に浸透しつつあるなかで、福祉の分野では「地域共生社会」の実現をめざした施策の展開がすすんでいるのは言うまでもない。

　こうした認識のもと、本節では地域福祉ガバナンスにおけるNPOの役割について述べたい。なお、ここで言うNPOとは、特定非営利活動法人に限らず、非営利徹底型一般法人や一部ボランティアグループも含めて考える。

地域福祉におけるNPOの役割は何か？

　地域にもよるだろうが、福祉の分野では非営利組織のなかでNPOだけが区別される存在ではすでになくなっている。社協の役員やボランティアセンターの運営委員にも多くのNPOが就いているし、実際、筆者自身もNPOとしての中間支援の立場で、地元である西東京市社協の理事や地域福祉活動計画の策定に携わってきた。福祉を専門とするNPOであればなおさらだろう。

　最近では法改正にともない社会福祉法人による地域における公益的な取組推進のための協議会づくりも各地で広がってきているが、あえて社会福祉法人に限定せず、福祉に関わるNPOなどにも参加してもらってもよいのではないかという議論も聞く。

　とはいえ、地域福祉ガバナンスにNPOが参画する意味としては、以下のような志向性を活かせることにあるのではないだろうか。

・自発性：例えば委託事業であっても必要であれば委託外のことに自主事業として取り組む
・機動性：試行的に取り組んだり、臨機に活動を展開できる
・先駆性：新しい価値観で、既存の制度にとらわれない
・変革性：社会への提言・提案がある

　地域の福祉課題に対して、多様な主体による対話や試行をするなかで、その地域ならではの活動をつくりあげていくことが必要であり、NPOのこうした志向性は、地域福祉ガバナンス構築に資するものと思われる。

協働の推進役を誰が担うのか？

　では、こうした多様な主体の協働をどうデザインするのか、そしてその推進役を担うのは誰なのか。地域ごと、あるいは課題ごとに関わる主体によって異なるだろうが、ここでは中間支援組織もしくは仲介支援組織の役割について、筆者の体験も交えながら述べてみたい。
　中間支援組織もしくは仲介支援組織の定義はいろいろあるが、総じてNPOや市民活動支援や、人材、資金、情報の仲介を中心として、地域課題の解決のために多様な主体の参加と協働の場を醸成する組織とされている。場合によっては、解決のためのプロジェクトを自らプロデュースすることもある。組織の形態は行政が設置して運営を民間

に委託したり、民間が独自に運営したりとさまざまではあるが、運営はNPOが担うことも多い。

　社協のボランティアセンターも中間・仲介の支援組織といえる。筆者が策定のための研究委員に加わった全国社会福祉協議会「市区町村社会福祉協議会ボランティア・市民活動センター強化方策2015」では、これからのセンターのすがたとして、「課題の多様化に対応するため、分野に特定されることなく、様々なボランタリーな活動が一緒になって取り組んでいく場（プラットフォーム）を作ります（多者協働の場）」と謳っている。まさに地域福祉ガバナンスの推進役を担おうという意思を表している。

参加と協力のきっかけづくりとしての「まちづくり円卓会議」とはどのような場か？

　筆者が運営委員として関わった西東京市市民協働推進センターは、行政設置、社協の運営受託という形式の中間支援組織であるが、地域課題の啓発と解決に向けたオープンコミュニケーションの場として、2012年度より「まちづくり円卓会議」を開催している。

　会議の参加者は、NPOや企業、行政、メディア、学識経験者、社協、民生委員・児童委員、青少年問題協議会、農業家、社会教育関係者、警察関係者など、テーマによって多岐にわたる。会議は公開し、傍聴する市民も議論に加わる機会を設け、当該テーマへの理解を深め、解決に向けた参加と協力の意識がもてるよう工夫している。

　これまでに次のようなテーマで会議を開催してきた。その時々のホットな地域課題を選んできてはいるが、いずれも福祉的な課題となっている。「障がいのある人もない人も分けない居場所づくり」「子どもの声に向き合うために　今、私たちにできること」「70歳代からの地域デビューを考える」「待ったなし空き家対策をどうするか」「地域で見過ごされがちな引きこもり問題」。

　課題の啓発にとどまらず、事業終了後も参加者を中心とした解決の
ための活動につながるケースもある。「障がいのある人もない人も分け
ない居場所づくり」では、農福連携を行う「ノーマライゼーション西東
京の会」というネットワークが発足して学習会の開催などを行っている。
　「子どもの声に向き合うために 今、私たちにできること」では、会
議内で事例として取り上げられた公立中学校での「放課後カフェ」を
広めていこうと、「西東京子ども放課後カフェ」という団体が立ち上
がり、学校、民生委員・児童委員、PTA、おやじの会、保護司、社
協など多様な協力を得て、市内の多くの中学校の教室や家庭科室など
を借りて放課後カフェが開催されている。放課後カフェは、生徒同士
が教室ではとれないコミュニケーションの場となっているほか、ふだ
ん接することの少ない地域住民とふれあう貴重な機会になっている。
　また、西東京市社会福祉法人連絡会の地域公益活動として実施され
ているフードドライブ（家庭で余っている食品を持ち寄る）で集めら
れた飲料の配布を受けている。
　円卓会議はひとつの事例ではあるが、地域福祉ガバナンスの構築に
は、こうした中間・仲介支援と全体コーディネートを誰がどう行って
いくかを視野に入れていく必要があり、制度や既存の仕組みにこだわ
らずに活動しているNPOが、その一翼を担うことも十分あり得るの
ではないだろうか。

NPOの考える「当事者性」とは？

　これまでにも当事者中心の福祉コミュニティが重要であることや、
支える側の市民や専門職の当事者性についても議論がなされてきた。
　筆者は50年近く、バングラデシュとネパールで海外協力活動に取
り組む認定特定非営利活動法人シャプラニール＝市民による海外協力
の会に長く関わっている。国際協力の分野であっても、現地では家事

使用人として働く少女の支援や、先住民族の子どもたちが公立学校での教育を受けられるよう支援する取り組みなど、福祉的な視点を含んだ活動を行っている。

　ここで、シャプラニールの当事者主体についての考え方を紹介したい。現行の中期ビジョンでは、「地域や社会全体が変わらなければ根本的な課題解決はできないという認識に基づいて、周辺への働きかけを常に意識し、問題を抱えた当事者およびそれを取り巻く周辺の人々が主体となることが重要であると考える」としている。

　支える側についても、「自分は支援する側」という認識で始まる関係から、活動への参加を通じて「自分も当事者である」という意識の芽生えを経て、自分が身をおく社会のなかで自分自身が行動を変え、自分と周囲の人たちとの間で新たな関係を築く「関係変容の場」をつくっていくことが重要としている。途上国の現場だけにとどめず、日本の市民にも変容を促すべく活動を組み立てている。こうした関係変容の場として地域福祉ガバナンスを考えていくこともできるのではないだろうか。

地域福祉ガバナンスにおける連携協働のあり方とは？

　最後に、地域福祉ガバナンスの連携協働について、NPOの立場からふれておきたい。

　多様な主体を巻き込んで地域課題解決のネットワークを構築する際に、福祉の分野では制度によることからか、どうしても固定化された機関を中心に構成を考えがちであるように思える。

　本来ネットワークは生ものであり、さまざまな人や組織が行き交うなかでとらえどころのない動きをする。多様化・複雑化する課題に対応するためには、固定的な体制では対応できないケースも出てくるだろう。

　今、情報や経済など各方面ですすみつつある自律・分散・互恵的な
ネットワークが参考になるかもしれない。つまりそれぞれは自律的に
機能しているものの、ネットワークを固定化せず、権限と責任を分散
させてなおかつ互恵的に動くことを志向する。そのためには深いコ
ミュニケーションと相互の信頼関係が必要となるだろう。

　制度や既存の仕組みにこだわらない NPO がこうしたネットワーク
にどう貢献していくのか。おそらく先に述べた中間・仲介支援的な専
門性、分野や地域を超えたつながりをもつことだろうが、筆者自身も
引き続き、実践を通して考えていきたい。

（坂口 和隆）

5 地縁組織、地縁型組織 （地域福祉推進基礎組織）

福祉分野の地縁型組織とは何をさすのか？

　市区町村社協では、地縁組織（自治会・町内会等）をベースとした福祉活動を担う地縁型組織づくりを推進してきた。別組織をつくる場合もあるが、自治会・町内会の中に福祉活動を担う部門ができ、その支援を市区町村社協が行っているというかたちも見られる。

　これらは、社会福祉分野の役割を持つ「地縁型組織」であり、地区社協、校区福祉委員会、町内会福祉部会という名称で活動を実施してきた。これを「地域福祉推進基礎組織」と呼んでいる。

　かたち、名称はさまざまであるが、自治会などの住民の地域活動を基盤としているが、一方で、福祉活動を行う意欲を持っている人々の力が重要であるという点が共通しており、次のように定義される[*1]。

　「地縁団体等の全住民を代表する組織と福祉活動組織の二者で構成される、地域を基盤とした住民の地域福祉活動を推進する基礎的な組織」

自治会・町内会と
地域福祉推進基礎組織の関係は？

　自治会・町内会において、地域福祉推進基礎組織の役員を選ぶ（あるいは推薦する）というかたちをとっているところが一般的である。自治会・町内会の内部組織の場合は当然であるが、民生委員・児童委員の推薦も自治会・町内会をベースに行われており、自治会・町内会とは別組織であっても、地域内の役割分担という位置づけとなってい

ることが多い。

　自治会・町内会というと、地域の「ボス」が差配しているという印象をもつ人もいるが、実際は、自治会長のなり手がなかなか選べず、1年交代で、役員は「持ち回り」という状況の地域も少なくない。地域福祉推進基礎組織の役員選出にもそういった状況は見られるが、地域福祉推進基礎組織の活動については、近年は住民全体の関心も高まってきて、地域福祉推進基礎組織の活動が、自治会・町内会の活性化につながっているというところもある。

地域福祉推進組織の活動内容は？

地域福祉推進基礎組織の機能は、次のように整理される[※2]。
　①小地域の福祉に関する協議
　②福祉に関する広報・啓発
　③福祉活動の支援、連絡・調整
　④福祉活動の実施
　⑤福祉活動の創設支援
　⑥要援助者への個別支援の調整

実際に展開される福祉活動は、次の**図1**の通りである。

まちづくり協議会と
地域福祉推進基礎組織との関係は？

　従来の地域福祉関係者が考えてきた、福祉課題を生活課題と位置づけ直し、「地域づくり」をあわせてすすめる、ということが、地域共生社会の推進という最近の社会福祉法改正の内容も含め、社会全体の共通認識となりつつある。

　しかし、先行して組織された地域福祉推進基礎組織と後発のまちづくり協議会（コミュニティ協議会という名称も使われる）が横断的な中間組織という同様の性格から対立している地域もみられる。この点に関しては実際の衝突を避けるため、従来の地域福祉推進基礎組織がまちづくり協議会の中の部会の位置づけとなるというように調整が行われたり、地域住民の意思決定により地域福祉推進基礎組織自体がまちづくり協議会に再編される地域もみられるようになってきた。これには自治体の地域づくり担当部署と地域福祉担当部署の連携によるところが大きい。

図1　地域における要援助者への個別支援の機能と活動

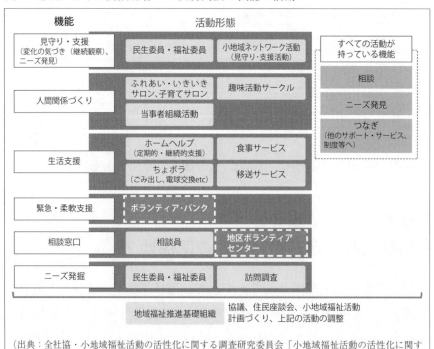

（出典：全社協・小地域福祉活動の活性化に関する調査研究委員会「小地域福祉活動の活性化に関する調査研究」2009年、35頁）

地域福祉推進基礎組織と
市区町村社会福祉協議会との関係は？

　「市区町村社会福祉協議会は、地域の事情に応じて、それぞれの機能を効果的に推進するため、おおむねつぎのものをもって構成される。」として、（1）自治会等住民の自治組織、（2）機能別、階層別各種の住民組織……（以下略）」（社会福祉協議会基本要項、1962〈昭和37〉年）があげられてきた。

　地域福祉推進基礎組織は、この基本要項の（2）に相当しているものであるが、同時に、自治会についても構成員としてあげている。このように、住民自治との関連で自治会をその構成員としつつも、福祉活動組織を別途構成員として加えている構造である。この仕組みは現在でも変わらず、評議員の構成比をみると、11.7％が地域福祉推進基礎組織であり、17.6％が自治会・町内会となっている[*2]。

テーマ型組織と地縁型組織との関係は？

　ここで、テーマ型組織とは、NPO法人、ボランティアグループ等で、一方、地縁型組織（上記の地縁組織も含む）は、地域福祉推進基礎組織、自治会・町内会、まちづくり協議会等が該当し、これに、高齢者、青年、女性、商店等の要素を加味した組織が老人クラブ、青年団、女性会、商店会となる。

　テーマ型組織は、地域の中の福祉ニーズ、生活ニーズに共鳴し、解決すべきテーマを明確にして、活動している組織であり、時に、地域の多数者と対立することも厭わない活動となることもある。一方、地縁型組織は、地域におけるつながりを基盤とした組織であり、幅広く参加するメンバーの総意で行動する。また、地縁型は面として支えるが、テーマ型は利用者と担い手を結ぶ線として支える傾向が強い。

　実際の活動をみると、地縁型は担い手個々に重い負担をかけることが難しい。一方でちょっとしたことであれば、頻度が多くても対応しやすいという傾向が見られる。テーマ型は、移動サービス、食事サービス、ホームヘルプサービスなど、高度なシステムを必要とするものにも対応しやすい。

　福祉課題・生活課題について、少数者の課題にはテーマ型組織が力を発揮しやすく、多数の人に共通する課題には、地縁型が力を発揮する。テーマ型は市町村ないし、それより広域をその活動の範囲とする場合が多いが、地縁型は小学校区ないし自治会・町内会域をその活動の範囲とする場合が多い。

　以上は違いを強調したが、地縁型組織の活動も、効果的な実施にはシステム化が不可欠であり、テーマ型組織もニーズに的確に応えるには、より地域に密着した活動が求められる。かつては地縁型組織とテーマ型組織の連携が大きな課題であったが、このような動きのなかで、相互理解のもと、両者の連携・協働の事例が増えているように思われる。

（渋谷　篤男）

≪引用文献≫
＊1　全国社会福祉協議会・小地域福祉活動の活性化に関する調査研究委員会（委員長：藤井博志）「小地域福祉活動の活性化に関する調査研究」2009年、39頁
＊2　「社会福祉協議会実態調査2018」全国社会福祉協議会、2020年、15頁

第Ⅲ章

地域福祉ガバナンスの方法

第Ⅲ章では、地域福祉ガバナンスの構成員の多様さについて触れ、地域福祉のあり方などを協議する際に単純な多数決では済まないことを示しています。また、地域福祉計画の策定委員に住民代表が加わっていれば、住民の意見反映が十分だということではないことも自明です。

　そこで課題となるのは、意思決定などのための協議の方法です。

　現在、制度ごとに設けられている協議体は、個別支援に焦点をあて、①専門職（組織）間の協議と②専門職（組織）と住民（多くは要支援者（およびその家族）、サービス利用者）との協議のふたつの機能をもっています。これらが制度ごとにバラバラに行われていること、住民との関係調整が十分行われていないということが課題となっています（第1節）。

　社会福祉法人・福祉施設は、サービス供給組織であると同時に、地域福祉の構成組織です。また、利用者は、入所であれ在宅であれ、住民の一員です。ここでは、その特性を踏まえたうえで、社会福祉法人・福祉施設の住民としての位置づけを明確にすることが必要です（第2節）。

　社協はサービス供給組織という面もありますが、そもそも、地域の関係者（「その区域内における社会福祉を目的とする事業を経営する者及び社会福祉に関する活動を行う者が参加」（社会福祉法第109条））の参加を得て、「地域福祉の推進を図ることを目的とする組織」（同法第109条）であり、第1節の協議体の一種であるといえます。地縁型の福祉活動に力点をおいてきた特徴をもっていますが、福祉の幅が広がってきているなかでは、社協組織より大きい、より広く参加を得る協議体の実現を推進する立場にあります。

　地域福祉活動計画は、社協がこの役割を果たすために提唱してきたものであり、地域福祉活動計画は社協の計画ではなく、社協が提唱して策定・推進するという位置づけとなります（第3節）。

（渋谷 篤男）

座談会から
（編著者：原田 正樹、藤井 博志、渋谷 篤男）

▌ 合意形成は多数決でよいのか？

藤井　政治性の話は多様な利害関係者の合意形成の過程でそれに逸脱する主体をどうみるか、という話でしょう。つまり、多様性の問題と合意形成の問題のように感じます。多数派があるべきかたちと思われている状況から外れる主体のあり方を、人権に反しない限り容認していくことも含めて、地域福祉ガバナンスを考えていく必要があります。具体的に言えば、地域福祉は地域福祉計画と地域福祉活動計画のふたつの計画をもとに運営されています。一方、そのほかにも多様な団体のアドボカシーの活動計画があることに留意する必要があります。

原田　多様性を認めることを前提にした合意形成という話では、これまでのような多数決でよいのでしょうか。いろいろな人たちがいることを前提に、みんなが折り合うという文化や民主主義のあり方が、ダイバーシティのなかで問われているように思います。

渋谷　福祉に限っていえば、多数決において、それぞれの住民が1票をもっているという発想は違うと思います。多様性を受け入れるには、少なくとも当事者の票はもっと重くなければなりませんし、福祉活動をしている人の票も重くなければなりません。よく社会貢献、地域貢献という言葉が使われますが、今回の地域共生社会における「住民」には、社会福祉法人も企業も含まれています。「貢献」というとメンバーではなくなるので、そのことが考えていくひとつのヒントになる気がします。

地域福祉ガバナンスにおける社協の役割とは何か？

原田 よく言われることですが、社会福祉協議会を「社協」と称することで、協議体の機能が薄まってしまい、社協とはいえ「事務局」事業だけが中心になり、かつその財源は行政の補助金等によるものだったので、矮小化されて認識されてきたところがあります。協議体機能としてのプラットフォームや例えばボランティアセンター運営委員会などの仕組みを見直す必要があると思います。

藤井 全く同感です。社協はふたつの組織特性として、住民主体による協議体組織と地域福祉専門機関としての専門職組織の特性がありますが、近年は前者が軽視されています。それと、協議体機能では社協に人を集めるのではなく、多様なネットワークの一員に社協がなることによって、さらに大きな協議の場の形成を社協に期待されるということですね。それがプラットフォームというネットワークの場の形成だと思います。

渋谷 以前は（少なくとも 1970 年代までは）、地域福祉を標榜していたのは、ほぼ社協だけだったと言えるでしょう。しかし、今、多くの組織が地域福祉の推進の担い手として役割を果たしているなかでは、社協の役割は自ずと変わってきています。しかしだからといって、社協のもつ協議機能、調整機能が不要となっているわけではありません。

地域福祉活動計画の意義は？

藤井 社協は地域住民と行政の協働を促進する仲介や媒介の機能が高い。地域住民における地域福祉活動はあくまでもボランタリーな活動です。また、行政における地域福祉事業は社会福祉を目

的とする事業を中心にした制度外福祉やそれと連携した制度福祉を拡張させる事業です。この官民のふたつの活動・事業を対等なパートナーシップのもとで促進させる民間計画が「地域福祉活動計画」だと思います。そう考えれば、地域福祉活動計画は、あくまでも地域住民に足場をおいた計画であることが重要です。

原田　社会福祉法の改正により、地域福祉計画の位置づけが変わりました。住民参画は必要ですが、地域福祉活動計画の延長だけではなく、地域包括支援体制を構築していかなければなりません。地域住民（サービスを必要とする人も含めた）参加に加えて、専門職参加、職員参加が求められます。地域住民と社協と行政だけではなく、社会福祉法人はじめ計画に関わる構成員が増えるわけですから、そのなかで改めて地域福祉活動計画や社協の強化発展計画を見直す必要があります。とくに身近な地域での「地域福祉行動計画」は不可欠になるのではないでしょうか。

渋谷　地域福祉活動計画と地域福祉計画の一体的策定を全社協が提案した理由は、地域福祉計画の意義・方法に対する自治体の理解がなかなかすすまないなかで、住民側の働きかけとして、地域福祉活動計画をつくるプロセスを地域福祉計画に対する住民の意見として流れをつくっていくことが必要だった、と理解しています。したがって、経験を重ねてきたなかで、地域福祉計画の策定プロセス、特に、住民の関わりが明確に位置づけられるようになれば、一体的策定が一定の役割を果たしたということになると思います。

制度ごとに設けられている協議体は、意思決定の場としてどこまで有効なのか？

原田　地域ケア会議に求められる機能が増えています。一度、自治体

のなかで体系的に整理してみる必要があります。そのうえで、身近な地域のなかで、高齢者だけではなく、家族全体のこと、何らかの支援を必要としている人のことを話し合える場をもつことはとても有効です。ソーシャルサポートネットワークの基盤になるのではないでしょうか。

渋谷　地域ケア会議に支援にあたる住民が参加することは、有効ではありますが、分野ごと制度ごとに実施すると、どうしても専門職からの依頼を受けるということになりがちです。住民の活動は、制度を超えたところにあるので、それを吸収できるような協議体になることがポイントだと思います。

藤井　その通りだと思います。地域包括支援センターなどが主催する地域ケア会議は、個別支援会議としては必要です。しかし、住民の見守り活動に専門職が参加する会議や地域の多様な関係者が集まるネットワーク会議は地域住民が主催することが原則です。なぜなら、専門職が主催する会議は住民に最終の決定権がなくどこまでも住民はお客さんで主体的な参加を期待するのは難しい。また、住民主体の会議は専門職のように対象限定はしません。あくまでも地域生活課題がテーマです。

1 地域福祉の協議体の意義とそのあり方

協議体づくりの施策がもとめられる背景は何か？

　地域福祉で注目されている協議体は、介護保険法による生活支援体制整備事業の協議体であろう。この施策は、高齢者の社会的孤立に対する生活基盤形成として、資源開発を含んだ地域づくりを住民、関係者が協議してすすめることを目的としている。このような協議体づくりが施策化される理由には、次のことが考えられる。

　ひとつめには、家族の縮小化や単身化による社会的孤立と支援ニーズが増大し、それへの対応には縦割りの単線的な支援ではなく、総合的な支援が求められてきていることである。とりわけ、社会的孤立の課題には地域住民の参加が不可欠である。ふたつめには、そこから起こる課題は、環境の急激な変化から、固定的な単一の問題ではなく、絶えず変化する多様な問題群として現われてきていることである。

　そのため、行政計画ではPlan-Do-SeeからPlan-Do-Check-Actionという改善サイクルに変化してきている。さらに、その定期的な点検改善では間に合わず、常に生起する課題に日常的かつ開発的に対応することが求められている。すなわち、地域福祉計画などの福祉計画の策定や進行管理の協議の場だけでは不十分なのである。計画による施策運営と連動した、関係者による日常的な協議の場が求められているのである。いわば、制度に位置づけられた官製の協議体は計画への日常的な参画のための施策ともいえる。

官製の協議体が機能しづらい理由は何か？

　社会福祉関係で協議体とみなされる組織や会議にはどのようなものがあるだろうか。ここではおおむね、①住民間、②住民と専門職・行政間、③専門職・行政間の参加者に分けて、その代表的なものを概観してみよう。

　①は、官製ではないが、社会福祉協議会や地域福祉推進基礎組織が代表的である。②は、地域密着型サービスの運営推進会議・地域包括支援センター運営協議会（高齢）、自立支援協議会（障害）、要保護児童対策地域協議会（子ども）、生活困窮者自立支援協議会（低所得）などがある。もちろん、各分野の計画策定委員会やその進行管理に関する委員会も協議体とみなすことができる。また、介護保険法に位置づけられる③の地域ケア会議や行政内で開かれる庁内連携会議なども、広い意味で協議体の機能を有している。

　これらの協議体の種類は次のように考えられる。分野別では、高齢、障害、児童、低所得、地域福祉の5種類がある。参加者別としては、先述の3種類がある。これに加えて、階層別では住民活動者・専門職の実務者レベルとそれらの代表者レベルの2種類が考えられる。これだけでも、5×3×2=30種類の協議体の可能性が考えられる。

　しかし、今日のこれらの協議体重視の動向にもかかわらず、参加する住民は「義務感」と「やらされ感」が強いのではないだろうか。それは次の理由によるものと思われる。社会福祉だけでみても、国の縦割りから分野別に協議体の必置を求めていることと、自治体においてもそのことが貫徹していることである。各協議体の必要性は認めつつも、地域が脆弱化し担い手不足が顕著になってきている今日では、それを住民が受け止めきれずに地域の分断や疲弊を加速させる要因ともなっている。

　そして最も大きな理由は、官製の協議体の多くが住民の求める協議

の場になっていないことである。官製の協議体や会議体のほとんどは、行政施策の意見聴取か参加者に協力や活動を期待する場となっている。少なくともそれらの協議体は行政や専門機関に運営の権限がある。あくまでも住民は参加者として客体におかれているのである。

　米国の社会学者シェリー・アーンスタインの市民参加の8階梯子を持ち出すまでもなく、住民に権限のない形式的な参加の形態は、行政や専門職による無自覚な住民の動員化といえば言いすぎであろうか。その結果、参加者の主体的な合意形成と協働開発のための協議の場とは、ほど遠い実態となるのである。

住民自治の観点では、理想的な協議体運営とはどのような姿か？

　このような協議体における住民と行政・専門職の関係性を住民自治の観点からみた場合、次のことが指摘できる。行政と住民との関係において、行政が住民の形式的な施策への運営参加をすすめると、住民は自らの意見に責任をもたない行政依存の参加態度になる。その結果、住民の主体性は育たずに住民自治は衰退する。行政による住民の客体化の弊害である。それは、専門職と住民の関係においても同様である。特に、社会福祉関連事業の急激な市場化や民営化は、住民の共同性を考慮しない、単なるサービス消費者として住民を孤立化させる要因になる危険性すらある。

　これらに対して、理想の協議体運営の姿は、行政が住民への権限移譲を促進する自治行政のもとで住民の自治力を高め、その場に専門職や行政が参加・協働する姿である。その自治的な協議・協働の場として各種の協議体が存在することが望ましい。その場合の協議体における住民の位置は、行政・専門機関とのパートナーシップに基づく協議体運営の主権者である。

　このような、住民自治基盤のもとに開催される協議の場は次のことが

担保される必要がある。ひとつは、生活者原理に基づく生活の全体性に基づいた協議に専門職による知見が加えられ、協議の客観性が担保されることである。さらに、その場での協議は、住民の自己統治の一環として住民の責任性が担保されることである。そのためには、フリーライダー（必要なコストを負担せず利益だけを受ける人）の問題も含めて、住民間で合意形成できる住民自治組織が必要である。もちろん協議の場に参加する専門職、行政も協議の結果責任を担う態度が求められる。

このように、議会制民主主義を補完する直接民主主義の場として協議体が機能することが望ましい。また、その土壌づくりとして、地域での熟議やシティズンシップ教育、福祉教育が住民自治教育として行われている必要がある。

乱立する協議体を地域福祉の観点から組み直すにはどうしたらよいか？

このような自治形成を社会福祉からすすめるのが地域福祉である。地域福祉の重要な機能のひとつは、福祉的な自治形成を促進するローカルガバナンスとしての機能である。多様な協議体が住民の分断や依存から、自治・連帯・相互自律を促す直接参加の場として成立するには、地域福祉としての3つの再編が必要であろう。

ひとつは、住民自治の福祉基盤としての地域福祉推進基礎組織の組織化である。この場合、閉じられた地縁型から開かれたアソシエーション（テーマ）型のネットワーク組織としての組織再編と、人権をベースとした民主的な運営が望まれる。小地域福祉活動が民主主義の学校といわれるゆえんである。次に、それを基盤にした当事者・住民活動者と各種専門職の実務者が協働する場の形成である。なお、専門職主導の分野別ケース会議は別として、住民と専門職の協働の場は住民が運営する場であることが望ましい。それは、生活の全般的な課題解決と地域の共同性を基盤にした協議と対話が可能になるからである。

　また、代表者や関係者が協議する分野別の協議体は、縦割りの制度体系の現状から、不要とまではいわないが重複に対する改善の余地が多くある。分野別制度や各部署ごとで対応しようとする行政の、"たこつぼ的"発想が協議体の乱立を招いているといえる。その行政内部の要因に、庁内連携会議の機能不全の問題も大きい。

　それに対して、分野別福祉の閉塞状況の共通の出口は、地域との協働と分野横断的な連携の2点であろう。したがって、この2点に集約される課題と、地域福祉推進基礎組織から出される地域生活課題や、地域づくりへの住民のビジョンを拾いあげるボトムアップ志向の地域福祉の協議体を、各協議体の共通基盤として形成することが大切である。それらを通して、各協議体間の情報を庁内連携会議などに流通させることで、縦割り協議の弊害を少なくできるのではないだろうか。

　さらに、分野横断的な地域福祉の協議体が機能しだすと、各協議体の再編や統合化も期待できるであろう。このことは、分野間の計画策定と進行管理を連携、調整する地域福祉行政としてのアドミニストレーションの形成とも関連することである。それは、庁内連携会議での縦割り協議の克服を通して、法律権限行政から生活課題優先行政への行政の組織風土の転換にまで課題が及ぶのである。さらに、その再編、統合の過程では、地域福祉の協議体は福祉・保健・医療分野だけでなく、教育、環境、まちづくりなどの生活関連分野の協議体との横断化の促進も期待されるのである。

協議体を運営する「地域福祉実践」とは何か？

　このような協議体運営には、その組織化と運営を住民の立場から援助する専門職の存在が重要である。地域と協働する社会福祉専門職による実践は、大別すると2種類が想定される。ひとつは相談支援の一環として地域に関わるというケースアクションを主要とする実践であ

る。もうひとつは、個々の課題を共有化し、地域課題化するコレクティブアクションを主要とする実践である。

　そして、協議体運営においては、後者の専門性として、コミュニティワークやコミュニティオーガナイジング、またネットワーキングやワークショップなどの方法が必要となる。住民が主体的に組織する「場の立ち上げ」と「運営支援」を援助する住民自治的な価値と技術が社会福祉専門職に求められているといえる。それは、官製の協議体運営においても住民が参画する限り、その専門性の発揮が問われるのである。

《参考文献》
①　山岡龍一、岡崎晴輝編著『市民自治の知識と実践』放送大学教育振興会、2015年
②　藤井博志「ネットワーキングと社会資源開発」（隅田好美、藤井博志、黒田研二編著『よくわかる地域包括ケア』）ミネルヴァ書房、2018年
③　藤井博志編著『地域福祉のはじめかた』ミネルヴァ書房、2019年

（藤井 博志）

2 地域づくりにおける社会福祉法人・施設の参画

なぜ、地域づくりに社会福祉法人・福祉施設は関わるのか？

　社会福祉法人・福祉施設は、制度外の新たな地域課題への対応に積極的に取り組む姿勢を示している。社会福祉法人現況報告書に基づくと、全国社会福祉法人経営者協議会（以下、全国経営協）会員法人の89.1％が「地域における公益的な取組」を実施している（2018〈平成30〉年8月15日現在）。また、東京都の全社会福祉法人の6割以上が同取組を実施している（2019〈平成31〉年1月現在）。社会福祉基礎構造改革以降、これまでも全国経営協を中心とした社会福祉法人の「一法人一実践運動」の展開など、地域づくりに取り組んできたが、全社会福祉法人における展開の動きは、社会福祉法人制度改革によって、社会福祉法第24条第2項において、いわゆる「地域における公益的な取組」の実施が社会福祉法人の責務として規定されたことが大きな要因であろう。全国経営協は中期目標として、「一法人一実践100％実施」と「複数法人による公益的取組の全都道府県実施」を掲げている。

社会福祉法

（経営の原則等）

第24条　社会福祉法人は、社会福祉事業の主たる担い手としてふさわしい事業を確実、効果的かつ適正に行うため、自主的にその経営基盤の強化を図るとともに、その提供する福祉サービスの質の向上及び事業経営の透明性の確保を図らなければならない。

2　社会福祉法人は、社会福祉事業及び第26条第1項に規定する公

益事業を行うに当たつては、日常生活又は社会生活上の支援を必要とする者に対して、無料又は低額な料金で、福祉サービスを積極的に提供するよう努めなければならない。

　また、「地域共生社会の実現」のため、2018（平成30）年4月に施行された改正社会福祉法では、第4条第2項（2020年改正により第3項）において、多様で複雑化し、孤立やつながりの希薄化を背景とした課題を「地域生活課題」として位置づけ、「地域住民、社会福祉を目的とする事業を経営する者及び社会福祉に関する活動を行う者（以下、「地域住民等」という。）」に対して、こうした課題を把握し、支援関係機関との連携等による解決を図るよう促している。このような背景から、社会福祉法人・福祉施設が制度や分野の垣根を越えて、多様かつ複雑化する地域生活課題に対応すべく、幅広い実践を展開していくことが求められている。

社会福祉法人・福祉施設は地域共生社会の実現においてどのような役割を果たすのか？

　2018年度厚生労働省社会福祉推進事業「地域での計画的な包括的支援体制づくりに関する調査研究事業」に取り組むため、全国社会福祉協議会は「地域における公益的な取組に関する委員会」（委員長 中島修）を設置し、「地域共生社会の実現を主導する社会福祉法人の姿—地域における公益的な取組に関する委員会報告書」（平成31年3月22日）（以下、委員会報告書）をまとめ、全国の自治体、社会福祉協議会、社会福祉法人関係者に送付した。委員会報告書では、「社会福祉法人による地域における公益的な取組は、単に社会福祉法に位置付けられた責務として捉えるのではなく、①常に地域と密接な関係をもち、②安定性、継続性、専門性のある経営基盤を有し、③あらゆるライフステージに対応した福祉ニーズに対応し、④地域におけるソー

シャルワークの中核に位置し、⑤民間社会福祉の担い手としての自由で柔軟な発想で、⑥新たな福祉システムを構築する、といった、社会福祉法人が本来有する固有の存在意義を具現化するものとして再認識する必要があります」としている。つまり「地域における公益的な取組」は、社会福祉法人が本来取り組むべき活動であり、その活動を通して新たな地域課題に取り組むことは社会福祉法人の存在意義を示すことになるのである。

　また、改正社会福祉法では、第106条の3に「包括的な支援体制の整備」が規定され、同法第107条では、「市町村地域福祉計画」が「地域における高齢者の福祉、障害者の福祉、児童の福祉その他の福祉に関し、共通して取り組むべき事項」を盛り込むことが規定され、上位計画として位置づけられることとなった。委員会報告書では、「市町村地域福祉計画に社会福祉法人職員が積極的に参画していくことを期待する」と記述している。計画策定委員としてのみならず、ワーキンググループや作業部会、地域懇談会や調査への協力などを通して、社会福祉法人が「地域ニーズを把握し、地域と協働しながら課題解決に取り組んでいく契機となる」ことは、まさに社会福祉法人の地域における公益的な取組がめざすところと記述している。

　上記の地域福祉計画への社会福祉法人職員の参画については、当該委員会の委員長として筆者が積極的に提案した内容である。市町村地域福祉計画及び都道府県地域福祉支援計画に「地域における高齢者の福祉、障害者の福祉、児童の福祉その他の福祉に関し、共通して取り組むべき事項」が盛り込まれることとなったことの意味は、従来から地域福祉に取り組んできた社会福祉法人はもちろんのこと、分野別の福祉に取り組んできた社会福祉法人においても、地域福祉計画に関与しなければ、自分たちの取り組んできた実践を計画的に実現できないこととなるのである。

　筆者は、これまで地域福祉計画や社協が取り組む地域福祉活動計画の策定において、グループインタビューの手法を用いてきた。例えば、

フォーカスグループインタビューの手法を用いて、社会福祉法人職員や社協職員、ボランティア、地域住民がテーマごとにグループを作り、特定のテーマにフォーカス（焦点化）して、グループインタビューを行った。「地域包括支援センター相談員へグループインタビューを行う」場合、「数名の相談員に集まってもらいインタビューを行う」こととなる。社会福祉法人職員は、インタビューをするメンバーとして参加する者もいれば、インタビューを受けるメンバーとして参加することもある。同様に、障害者施設職員や子育て支援に取り組む人々などを対象にインタビューを行う。このフォーカスグループインタビューのメリットは、①グループで安心して意見が出せること、②他のメンバーの意見に相乗りして自分の意見を出せることで意見出しの漏れを少なくでき多くの意見を抽出できること、などがある。このように両者に関わる可能性を導入することで、社会福祉法人職員の関わりは拡大し、職員が有する専門性を計画策定に生かすことができるのである。

　この地域福祉計画への社会福祉法人職員参画の視点は、社会福祉法第106条の3に規定する「包括的な支援体制の整備」にもつながる。筆者は、埼玉県において「市町村総合相談支援体制構築事業」の座長を務めているが、この事業は「埼玉県が市町村の包括的な支援体制の整備を支援することを目的」として、県内の総合相談体制整備を経験した有識者を派遣して「市町村と共に考え、その市町村に適した総合相談支援体制の整備を進める」埼玉県の独自事業である。埼玉県地域福祉支援計画策定を契機に導入した事業であるが、体制整備済み市町村が63市町村中19市町村（2017年度）だったものが、目標値32市町村（2020年度）の目標達成にまで進展することができた。また、筆者が注目しているのは、これらの支援の呼びかけの効果もあって、「体制整備予定なし」の市町村が32市町村（2017年度）から18市町村（2019年度）へと半数近く減少したことである。筆者は、このような市町村に対する都道府県の支援が必要であると考えている。そして、これらの体制整備を市町村において進めていると、「総合相談等における専

門性の確保」の観点から、必ず「社会福祉法人の専門性を生かす」議論となるのである。それは、総合相談窓口の相談員としての専門性への期待とともに、窓口だけではない地域全体の体制整備の一翼の担う役割への期待である。「包括的な支援体制の整備」は、相談窓口を総合化することが重要であるが、それだけでは整備できない。総合相談窓口で受け止めたニーズを地域で解決していく地域全体の連携が不可欠であり、総合相談窓口との連携・協働先として社会福祉法人は重要な役割を担うのである。このように、社会福祉法人の地域における公益的な取組は、地域福祉の進展に寄与するとともに、社会福祉事業を効果的に進める意味でも重要な取り組みと言えるのではないだろうか。

「地域における公益的な取組」で求められていることは何か？

　当初、厚生労働省社会・援護局福祉基盤課長通知「社会福祉法人の『地域における公益的な取組』について」（平成28年6月1日付け社援基発0601第1号）が発出され、社会福祉法（第24条第2項）の責務規定に基づき、**図2**のように3つの要件に直接該当する取り組みを対象とし、この3要件をすべて満たすよう厳格な取り扱いとして「地域における公益的な取組」をすすめることとされた。しかし、後に、厚生労働省社会・援護局福祉基盤課長通知「社会福祉法人による『地域における公益的な取組』の推進について」（平成30年1月23日付け社援基発0123第1号）が発出され、新たな解釈が示された。社会福祉法の責務規定の趣旨を踏まえつつ、支援が必要な者が直接的のみならず、間接的に利益を受けるサービスや取組についても一定の範囲で対象に含めることとし（支援が必要な者が間接的に利益を受ける取組、地域の創意工夫やニーズに合わせた取組など）、対象となる取組に係る解釈を拡大した。弾力化により対象となる具体的な取組例としては、例えば地域共生社会の実現に向けた取組、住民ボランティアの育成、災

害時に備えた地域のコミュニティづくり、住民に対する福祉に関する学習会や介護予防に資する講習会などがあるだろう。具体的な内容としては、**図3**にあるように多様な活動内容が展開されている。

　冒頭でも示したように、全国経営協会員法人の89.1％が「地域における公益的な取組」を実施している内容を会員法人情報公開ページで

図2　「地域における公益的な取組」の運用の弾力化について

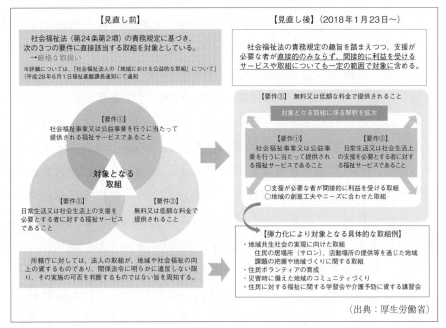

（出典：厚生労働省）

図3　会員法人情報公開ページ「地域における公益的な取組」の活動別の実施状況

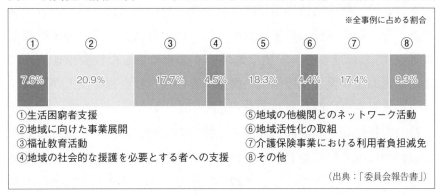

（出典：「委員会報告書」）

公表しており、その内容に基づいて活動状況をまとめたうえで、さまざまな法人の取り組みを24事例掲載し、「地域における公益的な取組」の標準的な展開手順もフローチャートとして示している。

地域における公益的な取組の社会的な効果・成果はどのようなことが期待されているか？

　委員会報告書では、「地域における公益的な取組の社会的な効果・成果」を、「①地域課題の把握・気づき・掘りおこし（ⅰ住民相互の交流の場、居場所づくり、ⅱ相談しやすい環境づくり、ⅲ地域課題の発見と早期対応）、②制度の狭間にある課題に対する専門的、総合的な対応、③職員の意識・ソーシャルワーク機能の向上、人材の確保・定着、④ソーシャルワーカーの専門性や実践力の向上に資する実習機会の提供、⑤自治体や社協等との連携による地域づくりに向けた活動の活性化、⑥地域住民の理解促進、⑦地域における災害支援体制の構築」として整理している。そして、これらが地域における包括的な支援体制の確立、地域共生社会の実現につながっていくとしている。

　また、全国経営協「全国社会福祉法人経営青年会」は、「地域活動実践委員会 活動報告書　地域共生社会の実現に向けた社会福祉法人の実践」（委員長　山内義宣）（以下、活動報告書）を公表した。活動報告書では、「地域における公益的な取組」の実施プロセスを示すとともに、「『包括的支援展開に向けた専門人材の養成』を担う実習プログラムおよび養成校との連携」や「担い手の育成としての福祉教育の推進」、さらに「安心・安全な地域づくりをめざした社会福祉法人による防災および災害支援体制の構築」といった社会福祉法人が地域づくりや人材育成に取り組む姿を示している。

　社会福祉法人・施設は、地域共生社会の実現に向けて、地域づくりに積極的に取り組む姿を示している。複数法人がネットワークを構築し取り組んでいくためには、地域福祉を推進する社会福祉協議会の存

在が欠かせない。また、市区町村や都道府県行政の理解と支援も重要である。社会福祉法人・施設の地域づくりへの参画は、地域福祉ガバナンスにとって欠かせないものとなってきているのである。

　最後に、社会福祉法人の地域における公益的な取組の意義とこの取り組みを支援する社会福祉協議会の役割について、筆者の考えを述べることとしたい。従来から、筆者は社会福祉法人が地域における公益的な取組を行う意義として、①柔軟性・即応性、②協働性・連帯性、③公共性・非営利性・公益性、の三点に整理して述べてきた。今回は、さらに詳細に述べてみたい。

　第一に、柔軟性・即応性については、社会福祉法人は、地域共生社会を目指すにあたって、常に地域におけるさまざまなニーズを発見し、新たな地域生活課題に対応することができることを多くの人々に伝えるメッセージとなると筆者は考えている。社会福祉法人は社会福祉事業を担ってきたが、ややもすると従来事業を適切に行うことに重点化しているように見られがちである。社会福祉法人の先達が切り開いてきたように、現在の社会福祉法人も社会に生じている多様で新たな課題を発見し、その課題解決に取り組んでいく姿を、今後はより見えるように実践を可視化していかなければならない。

　第二に、協働性・連帯性については、2万を超える社会福祉法人がネットワークを組むことによって、大きな力を発揮することができることを発信することである。個々の社会福祉法人の取り組みは、一法人一実践運動のように取り組まれてきた。しかし、職員数の少ない一法人一施設の小規模法人など、単独法人では地域課題への対応が難しい法人も存在する。そのためには、複数法人によるネットワークによって、多様なニーズに対応できる専門性の幅が広がることになる。一方で、小規模法人は地域の人々に寄り添い、柔軟に動くことができるメリットを有しており素晴らしい実践を展開している法人も多い。法人規模の大小だけで、その価値を決めることはできない。このような各法人

の有しているメリットや資源を、社会福祉法人が横につながることによって、その可能性を大きく広げ、日本社会にその取り組みを発信していくことができるのである。それが社会福祉法人の活動内容を知らない多くの国民に理解してもらうことにつながると考える。

　第三に、公共性・非営利性・公益性については、地域における公益的な取組を通じて、社会福祉法人が収益を優先している団体ではなく（非営利性）、多くの人々の生活を支える実践を展開する（公共性）を有し、そして何よりも人々が抱える生活困難を解決するために全力を注いでいる（公益性）ことを多くの地域の人々に伝えていくことができるのである。そのためには、具体的に地域課題を解決していく社会福祉法人の姿を見せていくことが求められる。

地域における公益的な取組への社協の役割とは？

　では、これらの社会福祉法人の取り組みに対して、社協はどのように協働し、支援していくのだろうか。

　第一に、複数の社会福祉法人がネットワークを組んで取り組む際の事務局機能を社協が担うことである。社協は、社会福祉法人連絡会等の組織化を進める過程において、複数法人に呼びかけ、地域にある社会福祉問題を可視化して、その課題解決を協働し進めていく必要性を伝えていく役割が求められる。

　第二に、「地域福祉のイノベーション」の視点から、社会福祉法人が地域課題に取り組むことは、地域福祉に取り組む主体が増え多様化すること、問題解決力が高まることを意味する点である。社協は、その地域における課題解決力を向上させる役割を担っている。福祉施設を経営する社会福祉法人が地域課題に取り組むことは、地域課題解決力を向上させることを意味することを行政などと広くその意味を共有すべきであろう。

　第三に、社会福祉法人と社協が福祉教育に取り組むことによって、福祉でまちづくり、福祉の人材育成、地域における福祉課題の共有化が進展する点である。超少子高齢社会は、誰もが福祉問題に触れる時代を意味するが、それらを担う人材が不足するとともに、地域住民が必ずしもその課題を自分の課題として認識できるまでには至っていない。子どもから高齢者まで、福祉に初めて触れる機会は福祉施設や身近な家族の在宅での福祉サービス利用であることが多い。つまり、社会福祉法人は、多くの人々の福祉の学びの入口に関与している重要な存在なのである。社協は、ボランティアセンターのみでなくあらゆる活動でこの福祉教育実践をコーディネートすることで、地域福祉の進展に寄与することを再認識できると考える。

　第四に、社会福祉法人と社協との連携・協働が進むことは、市町村行政、都道府県行政との連携・協働、そして支援にもつながる点である。先述したように、市町村地域福祉計画・都道府県地域福祉支援計画が上位計画として策定され、包括的な支援体制を整備することが自治体の努力義務となった。行政にとって地域の社会資源が連携・協働することは、地域福祉の向上にとって歓迎すべき重要事項なのである。この組織化こそ、社協の得意分野ではないだろうか。

　現在、新型コロナウイルス感染症の影響で、この社会福祉法人の地域における公益的な取組が揺れている。施設の利用者や職員を守るために、外部との接触を減らすことが優先され、これまで構築してきた地域とのつながり、連携・協働が失われようとしている。一方で、このような時だからこそ、地域における公益的な取組によって生まれた相談事業や食糧支援、子ども食堂などで支援を続ける法人やネットワークがある。派遣切りによって住まいと仕事を両方失う人々が多数生じ、社協の緊急小口資金の窓口は相談者で溢れ、社会福祉法人のネットワーク化どころではないという空気に包まれているところもあるかもしれない。

　しかし、このような時だからこそ、社会福祉法人のなんでも相談や

現物給付に基づく相談支援が公的支援を十分に知らない人々にとって、支援につながる相談の入口となる。子ども食堂や生活困窮者支援は、リーマンショックなどの景気悪化を原因として生じた地域課題に対応した取り組みである。この新型コロナウイルスを契機とした社会状況の変化は、新たな生活課題を多数生み出している。長期外出自粛は、家庭内のDVや虐待の増加を生み、景気悪化は自殺者を急増させる。新型コロナウイルス感染を避けようにも介護や障害者、子どもを支援する現場は、その支援を止めることは利用者の生活を機能させないことを意味する。このような課題に柔軟に対応できるのが、「社会福祉法人の地域における公益的な取組」である。2020年6月15日に公表された「東社協東京都地域公益活動推進協議会新型コロナウイルス感染拡大に伴う地域公益活動の状況把握調査結果」では、地域公益活動を実施している社会福祉法人のうち、85％が「当面中止している事業がある」と回答し、44％が「中止せずに何らかの活動を継続している事業がある」と回答している。また、区市町村ネットワークにおいて地域公益活動に取り組んでいる地区のうち、64％が「当面中止している事業がある」と回答し、51％が「中止せずに何らかの活動を継続している事業がある」と回答している。各地域における創意工夫によって、これから明らかとなる地域固有の課題に対応していかなければならない。地域の商店街などにある中小の商店、企業をいかに支えるかは、地域全体において重要課題となる。もちろん、地域における公益的な取組のみで課題解決をするわけではない。この取組が課題解決のはじまりである「支援につなぐ」契機となるのである。地域福祉の最重要課題は、「ニーズの発見」である。地域包括ケアシステムをはじめ、福祉のあらゆる支援の始まりは「ニーズの発見」である。社会福祉法人による地域における公益的な取組は、この「ニーズの発見」を実践する重要な役割を担う可能性を大いに有していることを指摘し、本稿を閉じることとしたい。

（中島 修）

3 社会福祉協議会と地域福祉ガバナンス

地域福祉ガバナンスのメンバーである社協と住民はどのような関係にあるか？

　社協はふたつの機能をもっている。第一には、住民主体に基づく公私関係者の協議体としての機能、第二には、地域福祉の専門機関としての機能である。

　第一の機能として、住民からみて社協は地域福祉への直接参加の場として機能する。社会福祉法人組織としての社協の機能には、理事会、評議員会、監事としての参加と各種委員会等への参加がある。これらに参加する住民自らが関わる地域や団体は、特に当事者の地域生活課題を代弁し、協働解決していく公益的立場と態度が求められる。また広義には、社協がすすめる地域福祉推進基礎組織における小地域福祉活動やボランティア参加がある。

　今日では、住民同士の協働活動だけでなく、社協の場を通して、住民と社会福祉施設、各種専門職・事業者、NPO法人、企業、行政との幅広い連携・協働が期待されている。この場合にも、社協は住民主体の理念に基づき、前述の関係者が地域参加することで住民とともに地域の暮らしの基盤をつくるための協働活動が期待される。このための合意形成の取り組みが、地域福祉活動計画の策定とその実施といえるだろう。なお、地域共生社会では、社会福祉施設、企業なども、広義の住民ととらえるという考え方が示されている。

　第二の機能は、各種専門職が属する地域福祉の専門機関としての機能である。社協は地域福祉の推進を目的とする機関であるから、社協職員は地域生活支援と福祉のまちづくりを住民とともにすすめること

が実践目標となる。

　その実践における住民との関係は、大別してふたつに分けられる。ひとつは、当事者の地域社会参加を促進するために住民と協働する関係である。ふたつにはその福祉土壌を形成し、住民による福祉のまちづくりをすすめるための支援と協働の関係である。また、社協に参加する住民には、社協職員と協働しつつ、地域の力で社協外の専門職・事業者の地域参加を促進することが期待される。

　これらの社協機能は、地域福祉の中間支援機能ともいえるだろう。社協を構成する関係者は、この中間支援機能を社協職員とともにすすめていく推進者となることが期待されている。

（藤井 博志）

▎地域福祉計画において社協は　どのような役割を果たすのか？

　地域福祉における官民の役割分担を「施策」「事業」「活動」の領域に分けた場合、主な分担として施策は行政、事業は官民協働、活動は民間ととらえられる。このような民間としての社協の領域を踏まえると、社会福祉法第107条に規定された地域福祉計画の5項目に関して、社協の役割は次のようにとらえられる。

　まず、第107条第1項第4号の「地域福祉に関する活動への住民参加の促進」であるが、この役割は社協本来の役割といえる。住民参加には「運動・活動・参画・（サービス）評価」の領域があるが、社協は活動参加だけでなく、この4領域の参加を促進していく必要がある。今日的には一般住民の参加促進だけでなく、当事者の地域社会参加が地域共生社会の形成のなかで重視されている。また、地域の共同機能が衰退するなかでは専門職・事業者・企業等の地域参加を住民参加と関連して促進することが社協に期待されている。

　また、第1項第3号は「社会福祉を目的とする事業の健全な発達」に関する事業である。今日の社会状況による暮らしの基盤の脆弱化に対して、住民と専門職・事業者等の協働による社会資源開発が求められている。まさに制度ではなくニーズに基づく協働による開発機能が社協に期待される。

　こうした機能は、第1項第1号の各福祉分野が共通して取り組むべき事項として、第106条の3の「包括的な支援体制の整備」と関連した行政の責務を民間側から促進する役割でもある。特に社協には、相談支援機関ネットワークや施設連絡会、民間の多業種のプラットフォームの場の形成が求められる。

　また、分野別計画の特徴である制度福祉としての資源整備計画と地域福祉計画の性格は異なっている。地域福祉計画は、制度を取り込みつつも社会福祉を目的とする事業を主とする、開発的な先導性と柔軟性のある計画策定・進行管理が求められており、ある意味では行政として最も苦手とする領域の計画といえるだろう。

　社協が取り組む地域福祉活動計画は、このような地域福祉計画における開発性を補完または先導しつつ、促進する機能がある。

（藤井　博志）

▌地縁型組織と社協の関わりは今まで通りでよいか？

　社協は、そもそも地区組織化（コミュニティオーガニゼーション）をしてきた伝統もあり、地縁組織との関係を大事にしてきた。地域を動かしていくためには、町内会・自治会等の地縁組織の力は非常に重要である。地域のことをよく知り、祭りや諸組織をまとめてきた地縁組織であり、信頼関係のもと、しっかりと福祉活動を推進していくための重要な協働の相手である。

　特に災害などが生じた時、こうした地縁組織の必要性が改めて注目され、見守りや支え合いなど日常的なつながりが強調される。

　ただ、こうした組織は高齢化がすすみ、役員などの担い手が不足して、活動がマンネリ化しているといった課題を抱えている。自治体の加入率が年々低下しているという現状もある。

　また地縁組織には、封建的な側面も残っている。運営は男性中心で、女性や若者の参加がない、新しい住民たちは意見を出しにくい、外国人や障害のある人たちを受け入れていないというようなこともある。地域によっては、民主的でなかったり、多様性が認められなかったりしているところもあった。

　テーマ型組織は、こうした地縁のしがらみを嫌い、狭い地域性を飛び越えて、自由に活動をしようとする。そんななかで、地縁型組織とテーマ型組織の対立や溝が指摘されたこともある。

　社協も、当事者組織をつくったり、ボランティアコーディネートをしてきた蓄積はあっても、テーマに追いついていけなかったり、社会起業的な発想や経営的なノウハウがなかったこともあり、テーマ型組織に苦手意識をもってしまったのかもしれない。

　ただ最近では、さまざまな社会問題の共通点、あるいは解決に向けた場が、「地域」でつながってきている。地縁であれ、テーマ別の社会問題であれ、現実に生じているニーズと将来への不安のなかで、「地域を変える」ということが、とても大事な関心事になってきた。

　結果として、両者の相互理解や協働を求める機運が高まっている。社協はまさに、こうした多様な組織のプラットフォームをつくる役割が期待されているといえる。

（原田　正樹）

相談支援のシステムづくりについて
社協の果たすべき役割は？

　社協は、古くから「何でも相談」という窓口を設けていた。今でこそ、「総合相談」などと称しているが、生活のなかの困りごとを受け止めてきた歴史をもっている。もちろん福祉事務所など行政の窓口もあったわけだが、諸制度の要件に当てはまらない、あるいは行政は敷居が高くて行きにくいといった住民が、気軽に相談に来てもらえる工夫をしてきた。

　そうした相談のなかで、1960年代頃から社協のなかに「結婚相談」の窓口を設けるところが出てきた。しかし1980年代に入り、大手の民間業者が参入するようになった頃から、社協の窓口は衰退していく。

　ところが、今日、改めて社協の「結婚相談」の役割が注目されている。コミュニケーションが苦手であったり、業者の高額な会費が支払えなかったり、あるいは婚活パーティのようなフォーマルな場ではなく、普段着のままでの出会いを求めて、社協の結婚相談窓口を訪ねる人たちがいるという。

　ある社協の相談員に聞くと、そうした人たちの相談に乗った結果、その人や家族の抱えるさまざまなニーズを受け止める機会になっているという。

　すべての社協が、結婚相談をすればよいということではないが、地域にどんなニーズがあるのか、とりわけ「潜在的なニーズ」を掘り起こすことは難しいと言われるなかで、ニーズを見つけていくことが、大事な役割である。そのためには、工夫が必要である。結婚相談は例のひとつだが、「結婚相談」「何でも相談」といった切り口を示すことにより住民のとらえ方は変わり、さまざまなニーズの把握につながっていくことになる。また、住民の相談機能とつながっているのも特徴である。住民が、福祉活動を行いながら、相談機能を発揮することは、要援助者にとって敷居が低いだけでなく、社会による支援にもつなが

る。必要に応じて社協による支援につながれば、社協がニーズ把握の
アンテナを地域に張っていることとなる。

　これから市町村行政を中心に包括的支援体制の整備が図られていく
が、専門的な相談支援のネットワークだけではなく、広く地域住民の
声を受け止められる「しかけ」がポイントである。どんな「しかけ」
であれば、住民が相談しやすいか、そのことを社協は考えていく必要
がある。もちろん、それを社協だけで行うのではなく、さまざまな団
体等とも協働して、システムをつくっていくことが大切である。

　　　　　　　　　　　　　　　　　　　　　　　　　　（原田　正樹）

第IV章

地域福祉ガバナンスの展開

第Ⅳ章では、これまでの高齢者対策を中心とした地域福祉から、近年の貧困と社会的排除にかかわる課題、子ども・若者世代の課題など、今後の地域福祉ガバナンスを形成する上での新たな展開とその課題をとりあげます。そのキーワードは全世代型、多文化共生です。

　第1節では阪神・淡路大震災を契機に頻発している災害に対する地域福祉の展開についいて論考しています。災害は既存の社会システムを壊しその欠点を露呈させます。また、その復興過程では近未来の課題解決が一挙に問われるという意味では創造的な取り組みが求められます。何よりも、これらの対策に被災者参加が図られてきたでしょうか。また、第3章2節で述べていますが、現在のコロナ渦も災害の一形態です。3密という人とのかかわりを阻害する状況において新たなつながり方や生活保障が問われています。

　第2節では移民外国人に対する多文化共生への取り組みを多文化共生地域福祉と名付けてその諸課題について言及しています。移民外国人に限らず、日本の多文化共生への取り組みの後進性は、社会の多様性の進展に相対する同質化がもたらす諸課題に通底し、なおかつそれは極めて政治的な課題です。移民外国人の権利保障と参画とともに、居住の流動性や異文化コミュニティと共存する地域社会のあり方が地域福祉ガバナンスとして問われています。

　第3節では子育て世代の地域づくりについて言及しています。高齢社会の日本において、子育て家庭を地域の構成員として受け止めることを、地域福祉ガバナンスにおいて期待しています。

　第4節は地域共生社会や社会的包摂にむかう地域社会への働きかけのあり方について、理念先行ではなく、ソーシャルワーカーの日々の地域の出来事への観察から、人々の断絶や阻害状況を見逃さず、共生への合意形成を図っていく専門職実践の姿勢について述べています。また、そのベースとして地域福祉教育によるコミュニティアクション、コミュニティエンパワメントとして実践事例を紹介しています。

（藤井 博志）

座談会から
（編著者：原田 正樹、藤井 博志、渋谷 篤男）

開かれた地域はリスクを背負い対応する

原田　地域福祉は本気で推進しようとすればするほど、リスクもともなうようになると思います。安全・安心を追求すればするほど、監視社会、排除社会になってしまうので、逆に開かれた地域をめざすということは、リスクも背負うということです。

渋谷　例えば通学路の見守りボランティアは、PTAなどが行うと知的障害のある人などを不審者としてみてしまうということもありますが、一方で地区社協の人などが行うと知り合いとしてみます。見張りなのか、見守りなのかの違いではないでしょうか。

原田　愛知県大府市で認知症の高齢者が家から出て電車にはねられ、JR東海から損害賠償請求をされた裁判がありました。それを機に「施設に入れるべき」との意見もありましたが、大府市は認知症の人のための条例をつくりました。認知症の人たちが事故を起こした時の損害賠償に備えた保険で、行政が保険料を出し、事前に登録すれば入れるという制度です。「認知症になっても安心して暮らせる町づくり」とばかりいっていても、リスクをどう背負うかという話になるので、すべてが自己責任ではない仕組みをつくるのも大事だと思います。

藤井　自助があって共助、公助があるのではなく、共助、公助のなかに自助や自立があるという考え方が大切ですね。また、共助の場である地域のあり方のこれまでの反省は、職住分離から始まり、教育も文化もバラバラになって、単機能のまちづくりが行われてきたことです。今後は多機能型のまちづくりに変えていかなければ、人は生きづらくなってしまう気がします。個人がつながろうとすることと、コミュニティが多機能型のまちづく

りを志向すること、それに合わせた行政や専門職の存在が非常に大事なように感じます。

原田　再構築はとても大事なキーワードですね。人口減少社会においては、再構築という発想をしなければなりません。権限や仕組み、財源も税金や補助金だけでなく、可能であればファンドレイジングなどの新しい方法も必要でしょう。福祉の仕組み、行政の仕組みも含めた再構築が大事で、そのためにガバナンスが必要という道筋は、とても重要だと思います。

多様性を認め合うこと

原田　当事者性に関連して、マイノリティなどの問題はどうするのか、ただ社会的包摂と言うのは簡単ですが、本当に多様性を認めていくことは大変なことです。そのためには、今までの地域の姿の延長ではなく、新しい枠組みが必要になるのではないでしょうか。「昔に戻れ」ではなく、新しい地域を創出しなければならない。

藤井　多様性を頭で理解していても、現実世界で認め合えるかどうかは別の話なので、話し合える場や出会う場がなければわかり合えませんよね。また、住民主体といっても、住民が何でもするのではなく、専門職などの「住民だけではない人」が地域に参加することが大切です。住民が地域活動をすすめていく時に、人権の問題や正しい社会認識などを専門職が一緒に参加しながら取り組むことが、より重要になってきている気がします。

政治とどう向き合うか

原田　これまで、地域福祉への住民参加と、多様性を認め合える地域

　　　づくりについて話してきましたが、一方で、自治ということを考える時、「政治とどう向き合うか」も考えなければなりません。もう一歩踏み込んで自治をすすめていこうとすると、政治との関係を抜きにはできなくなり、その政治性をどう住民と合意していくのかは、難しいところです。政治を変えることがガバナンスの目的ではありませんが、ガバナンスの先に政治的な葛藤や選択が出てくるのではないかと思うのです。そのことも考える必要があるのではないでしょうか。

藤井　どの政党を支持するかという話ではなく、人権をどういうかたちで自治体のなかで広げていくのか、どのように仕組みをつくっていくのかを突き詰めると、福祉制度をつくるだけではなく、政治的な判断も関係してきます。LGBTQの方たちと地域社会の関係はその典型だと思います。

原田　「LGBTQの人権、多様性を認めよう」とはすぐに言えますが、婚姻制度をどう改正するのか、戸籍制度はどうするのかという問題になるといろいろな意見が出てくるので、そのあたりの政治の問題は大きいですね。ガバナンスが機能すればするほど、政治がガバナンスに無関心でいられなくなるということだと思います。

1 災害・復興における被災者支援

　1995（平成7）年の阪神・淡路大震災によって大きな被害を受けた兵庫県宝塚市で、避難所運営から仮設住宅、災害公営住宅の支援へと、20年以上復旧・復興事業に関わってきた。その経験から結論的に言えば、災害復興は地域福祉の原則的な視点が鋭く問われることになる。それは、住民の主体性（立ち上がり）と行政・専門職支援の関係、行政や地域コミュニティが外からの資源や支援を取り込む際の自律性や自治性の課題である。今回は、これら被災者の主体性を担保する自立に向けた支援やつながりを結び直す支援のあり方に焦点を当て、地域福祉ガバナンスに関わる課題を実際の事例を通して考えてみたい。

災害復興への地域福祉ガバナンスの視点とは何か？

　近年多発している地震や豪雨、台風等の災害からの生活復興にあたっては、安全と健康の確保、財産保全、家や生活財の確保等、さまざまな生活課題に対応していく必要がある。この変化する被災者のニーズに合わせて、医療・保健・福祉をはじめ住宅や資金等生活関連の幅広い分野の支援者が、課題の解決に関わる必要がある。こうした幅広い分野の支援者については、行政が主体となって確保・派遣する体制を構築することが求められる。

　あわせて、災害復旧・復興という緊急時対応では、既存の制度やサービスだけでは対応できない新たな生活課題が数多く出てくる。これらの課題を解決するためには、即応性や柔軟性のあるボランティアやNPO法人・地域住民が主体となった支援、民間の事業者による支援

が果たす役割が大きい。

　このように、最低限度の生活を保障するセーフティネットの機能は、行政が責任をもって果たすことが前提である。そして、それを可能にするための制度横断的なネットワークの構築と住民との協働の場を整える必要がある。

　しかし、このような災害時における官民協働の体制は平常時の取り組みの成熟度が増幅して現れる。しかも、要支援者の増大と既存システムが機能しないことにともなう課題の予測と新たに対応可能な資源の調達と開発が同時に問われることになる。それはこれまでの官民協働のあり方とともに、将来の協働のあり方をも問うことになる。

　また、生活の復興をすすめるには、そこに住む住民が主体でなければならないのは当然のことである。その視点から災害ボランティアセンターのあり方は、被災地の生活状況に明るい地元の専門職や活動者が中心となって、被災者のニーズや今後の生活への思いをしっかり把握し、これに基づくコーディネートを外部の支援者が行う体制が望ましい。地元の専門職や活動者が、詰めかけるボランティアの受け付けに追われる状況は、本末転倒と言わざるを得ない。そのためには、センターの運営に地元被災者の意向を確実に反映させる被災者参加（当事者参加）の仕組みが重要である。

避難所、仮設住宅での自立支援の要点は何か？

　災害復興時の自立支援では、喪失から立ちあがるために、しっかりと寄り添った支援が必要である。しかしその一方で、復旧・復興に向けて被災者が自らの力で立ちあがっていく力を奪わないように配慮することも重要である。その立ち上がりは、自己責任でなされるものではなく、「共同」の中で回復される。その一例として、熊本地震での被災地の避難所を訪問した時のことが印象深く思い出される。

　小さな小学校の体育館で開設され、被災した地域住民の手で運営されていたその避難所は、日中は布団やベッドが片づけられ、中央に机といすがリビングのように並べられており、入り口から全体を見渡すことができた。同じ自治体内のほかの避難所では、段ボールの低めの仕切りで世帯ごとに間仕切りがされ、プライバシーが確保されていたのとは対照的であった。なぜ仕切りをつくらないのか質問したところ、「夜間は必要に応じて仕切りを使うが、日中に仕切りがあるとそれぞれの様子がわからない。リビングのようにしておくことで住民同士が一緒に過ごすようになり、お互いに気にかけ合うようになる」とのことだった。加えてこの避難所では、住民が協力して畑などから材料を調達してみそ汁や簡単なおかずをつくり、災害対策本部から届けられる弁当と一緒にみんなで食事をとるようにしていた。

　住民がつながりを保ち役割をもって避難生活をすることが、自らの生活の復興をすすめる力になることを再認識した場面であった。

　宝塚市では、最近、阪神・淡路大震災の被災体験から住民自らが主体的に対応していくことの重要性に気づき、住民が中心となって地域の専門職にはたらきかけ、避難所運営マニュアルを作成した地区が出てきた。その作成過程で、「マニュアルは、あくまで話し合いの結果であって目的ではない。その過程をみんなで行ったことに価値がある」との声があがっていた。まさに住民が主体となって、非常時の課題を日常の活動につないだ事例である。

災害公営住宅での個別支援と地域支援のあり方とは？

　生活復興の過程においては、避難所から仮設住宅等の「仮の住まい」へ、次に、仮の住まいから自力で復興した自宅や災害公営住宅等の「恒久住宅」へと生活の場の移動が起きる。すなわち、住宅政策と福祉政策の一体的な展開が問われることになる。

　生活の場が移動するたびに、これまで築きあげてきた住民同士の関係が失われ、新たな関係づくりを行う必要が出てくるようになった。特に自力で住宅確保が困難な人に提供される災害公営住宅は、必然的に生活支援が必要な住民の比率が高くなり、住民の力だけで新たな関係を構築し、自立生活や住民自治を取り戻すことは難しい。社会的孤立によるひきこもりや孤独死等が懸念されることから、バリアフリー化や集会設備の建設等のハード面の整備とともに、孤立を防ぐための見守り体制を、住宅内だけでなく周辺地域との関係づくりと合わせて行う必要がある。

　兵庫県ではこの災害公営住宅を支援するために、1997年度から阪神・淡路大震災復興基金を活用した独自施策として、住宅入居者全世帯を対象に、訪問による安否確認、相談・情報提供、自治会設立支援やふれあい交流活動支援を行う「生活復興相談員」を配置した。災害公営住宅への移転によって、近隣との関係性を失うことで起こるひきこもりや孤独死を予防するとともに、情報提供や相談を行うことで早期に自立した生活を取り戻してもらうことが目的であった。訪問を重ね、個々の見守りや生活相談に対応することで住民の信頼を得て、自治会の設立支援や活動支援、集会室で行われるふれあい交流活動（季節の行事、ふれあい喫茶・サロン等）にも関わった。しかし、時間の経過にともなって住民の高齢化、単身世帯化が進行し、見守りや相談、情報提供だけでは入居者の生活を支えることが難しくなっていった。そこで、2001年度には、生活復興相談員を「高齢世帯生活援助員」（以下、SCS）に改称し、対象を高齢者世帯・障害者世帯に限定して、見守りに加えて軽度の生活支援を行えるようにした。

　2006年度には住宅内に活動拠点をおき、常駐スタッフがサロン等の居場所づくりや介護予防活動、住民のつながりづくりを支援する「高齢者自立支援ひろば」事業が導入された。SCSは高齢者自立支援ひろばスタッフへと移行していった。個別の生活課題への対応は介護保険制度等の一般施策へつなぐことを徹底し、見守りや軽度の支え合いは

周辺地域を含む住民活動で対応できるよう、個別支援から地域支援へと業務の重点を移したのである。しかし、住民の高齢化・単身化が一層すすむなかで、すでに住宅の住民同士で見守り、支え合うことは厳しい状況になっており、また、一度依存的になった住民とスタッフの関係を変えることは容易ではない状況であった。

災害復興支援を日常の地域づくりに発展させる実践とは？

　阪神・淡路大震災からの20年間の復興支援活動から地域福祉ガバナンスの視点を振り返りたい。災害公営住宅では、時間の経過とともに、高齢化の進展や自立困難な入居者の集中による相互扶助機能や自治機能の低下が著しくなり、住宅内だけで生活課題を解決することは難しくなった。入居当初は、孤独死防止や生活復興をめざすために、援助の焦点が個別支援となりがちである。そして、その関係が長期間継続することで、住民と支援者は依存的な関係となり、住民が相互につながり支え合う力を阻害することになった。

　これらを防ぐには、住民自らの手による地域づくりの支援が必要である。また、災害公営住宅を孤立させないよう、周辺地域も含めた日常生活圏での見守りや支え合いの活動などの継続的な支援が求められる。さらに、これに関わる行政・専門職の側は、包括的に生活課題に対応していけるよう組織横断的な連携を強化し、住民と協働していく姿勢が必要である。

　こうしてみると、「災害・復興における被災者支援」のガバナンスは通常の地域福祉ガバナンスと基本的に同じであることがわかる。ただ、加えて注意すべき点に「外部支援との分担・協働の問題があること」「本人および地域の状況の急激な変化（発災時も復興時も）があること」「生活を送るうえでの自主性の喪失（援助待ち）が住民に広くみられること」があり、かなり幅広くニーズ把握の活動を行う必要

があることなどがあげられる。また、災害時のガバナンスの経験を通
じて、通常時の地域福祉ガバナンスのあり方がわかる、という側面も
重要なことである。

（佐藤 寿一）

2 多文化共生と地域福祉ガバナンス

多文化共生における「外国人」の権利とは？

　2019（令和元）年5月28日、川崎市で20人が殺傷された事件が報道された直後から、犯人は在日コリアンではないかとのデマ、臆測がネットにあふれた。この事実は1923（大正12）年に関東大震災で「朝鮮人が井戸に毒を入れる」などというデマによって朝鮮人が虐殺されたことが過去のことではないことを示している。特定の民族を犯罪と結びつけ、その民族への憎悪などをあおり、地域からの排除を扇動することはヘイトスピーチである。

　背景には、この国は「日本人」によって成り立つ（べき）とのエスノ・ナショナリズムがある。この思想は、生活者に平等な市民権を認める民主主義の原理に反する。グローバル化のもと移民社会が現実化しつつある今日、多文化共生がもつ多文化主義の思想を実体化するため「外国人」の権利を守る政策と実践が求められている。「外国人」とは、当該国の国籍をもたない人を表す言葉である。国際的には、少なくとも12か月間当該国に居住する人を「移民」と定義している。そして彼らの社会的権利や政治的権利の一部は認められるようになってきている。

　日本でも人口減少が急速にすすみ労働力不足が深刻化するなか、2019（平成31）年4月から「出入国管理及び難民認定法」の改正（以下、改正入管法）で外国人労働者の受け入れが急速に進展しつつある。この受け入れ拡大について政府は「移民政策はとらない」と再三強調している。この意図は「外国人材」は受け入れるが、彼らの家族帯同、滞在期間は限定し、定住化は可能な限り認めないということである。

113

「外国人」の排除に対する
地域福祉ガバナンスの課題とは？

　1980年代後半以降、日本の製造業や農林水産業等の人手不足は深刻化し、工場の集積地や農山漁村地域には多くの外国人労働者が「デカセギ」として移住してきた。しかし彼らの多くは労働者として工場周辺等の限られたエリアで「日本人」との交流もなく、生活者としての権利が保障されないまま困難な状況におかれてきた。外国人労働者が集住している地域では、ゴミ出しや騒音などのトラブルが頻発し、日本語や生活習慣を学ぶ機会や場もないまま、コミュニティから排除される状態が各地で顕在化してきた。

　外国人労働者が増加し、多様化、複雑化しつつある地域生活課題の解決のためには、従来型の「統治」ではなく「共治」となる地域福祉ガバナンスが求められている。地域福祉は、当事者を中心とした地域住民、ボランティア、社会福祉法人、NPO法人、協同組合、社会的企業、行政などの多様な主体が対等な関係のなかで議論や実践を重ね、そのプロセスのなかで、地域生活課題を解決する「公共的」な活動や社会サービスを創造している。この当事者に、移民等の多様な人々を位置づける必要がある。さらにその際、行政は統治の主体ではなく、多様な主体との対等なパートナーとして位置づけられる。しかしここで留意したいのは、それは行政の役割が縮小するということではなく、ミニマム保障、サービス運営や資金調達等の公正で適切な方法を検討する必要がある点である。

リスク社会からみた「外国人」の現状とは？

　現代社会は、ベックによると「生活の不確実・不安定性が増大したリスク社会」と名づけられている。災害が頻発する昨今の状況や非正

規雇用が増加し格差が拡大するなかで、私たちはリスクを実感することも多くなってきた。このような現代社会のリスクは脆弱な人々への影響が大きい。「災害弱者」もそれを表現したものだといえる。

さらに、移民にとってのリスクは「日本人」以上に深刻である。例えば、急病になった際、彼らは迅速・適切に治療が受けられるのだろうか。そもそも病院がどこにあるのかがわからない。また健康保険証をもっていない場合もある。さらに病院に行っても通訳はいるのか、医療費は払えるのだろうか、などリスクは数限りない。

中国帰国者2世の木下貴雄（王榮）は「外国人高齢者」には①コミュニケーションの壁、②識字の壁、③食の壁、④文化の壁、⑤心の壁（差別）という5つの壁があると指摘する。なかでも、年齢を重ねると母国語だけを使うようになる傾向もあり「異文化介護」が必要であるという*1。介護保険は住民であれば、移民であっても当然利用できるとはいえ、日本人と同じ介護サービスが地域にあったとしても、「日本人と同じサービスを利用できるから差別をしていない」という姿勢で、そのサービスが言葉や文化を尊重しないものであれば、移民には利用できない、利用したとしても心地よくないものとなる。

総合相談・包括的支援体制は 多文化共生社会に対応できるか？

在留外国人の数は、約283万人（2019年6月現在）、人口の約2.24％となり、さらに増加傾向にある。私たちの暮らす地域では、多様な国籍、言語、文化の人々が学び、働き、生活を営んでいる。2006（平成18）年に総務省から「地域における多文化共生推進プラン」が通知され、各都道府県・政令指定都市に対して、多文化共生の推進に係る指針・計画の策定が求められ、2018（平成30）年4月時点で全自治体の46％が策定している。

改正入管法のもと、2018年12月には外国人材の受け入れ・共生の

ための総合的対応策として「多文化共生総合相談ワンストップセンター（仮）」を約100か所設置することや日本語教育の全国展開などが示された。しかし2019年3月時点で窓口設置に応じたのは37自治体にすぎない。またこれらの施策を適切に実施するための予算措置は不十分で専門職も不足している。

　さらに、2016（平成28）年12月に公表された「地域力強化検討会中間とりまとめ」にある「多文化共生」とは、具体的に何を示しているのか。「包括的な支援体制の整備」のなかに多文化ソーシャルワーカーや異文化介護など多様な国籍・言語・文化を支えるサービスが適切に整備されていない現状では絵に描いた餅にすぎない。

多文化共生地域福祉が地域福祉ガバナンスに果たす役割とは？

　従来の地域福祉は福祉国家の枠組みのなかで、国民国家を前提とした地域生活課題の解決を担ってきた。しかしグローバル化のなかではグローバルなコミュニティを含めたトランスナショナルな移住者を支える多文化共生地域福祉の構築が求められている。国境を越えて流動的な生活を営む移民は、その家族も国境を越えて存在することになる。このような流動的な生活は、非正規雇用者や被災地の住民と共通する「不安定定住」となる。さらにこうした移住者の生活するコミュニティも多言語・多文化を尊重し、異文化を受け入れられる寛容さや多様性が求められる。そのような流動性や多様性を受け入れる寛容さは、障害のある人や認知症、LGBTQの人々、生活課題を抱えた人々などにとっても生活しやすいコミュニティにつながるのではないか。

　また、日本で生活する移民には政治的権利である地方参政権がない。そのようななか、川崎市では1996（平成8）年に外国人市民代表者会議が条例で設置された。この背景には1970年代からの在日コリアンや、彼らを支援する住民たちによる反差別運動が社会福祉法人青丘社や川

崎市の教職員などの支援も得ながら地道に行われてきたことがある。この運動によって、移民の労働や教育、社会保障、住宅などの権利が認められていった。そのプロセスのなかで移民の生活実態調査を実施し、当事者参画のもとその意見を尊重しながら「川崎市多文化共生社会推進指針」（2005〈平成17〉年、2008〈平成20〉年、2015〈平成27〉年）が策定され、多文化共生社会が推進されている。

多文化共生における地域福祉ガバナンスの役割とは？

　地域福祉の推進主体は住民であるが、その住民に移民は含まれているのだろうか。外国人集住都市のひとつである岐阜県美濃加茂市で日系ブラジル人が増えてきた2000年代初め、住民から「公園でバーベキューをして騒いでいる」という苦情が届いた。そこで、自治会長が注意をしようと公園に行ったところ、バーベキューをしている移民から歓迎された。このような体験をした会長は、地域で多文化共生推進座談会を開催し続けている。またこの地域では、住民がポルトガル語や中国語のあいさつを学び、交流できるイベントや防災活動などが行われている。

　しかしこのような例はまだ少なく、多くの地域では、ゴミ捨て場や駐車場等に多言語の注意書きが表記されているだけである。

　美濃加茂市では、2019年に第3次多文化共生推進プランを策定している。民生委員児童委員協議会が外国人児童等の就学援助相談に積極的に取り組み、特定非営利活動法人ブラジル友の会はポルトガル語教室や学習支援を継続して行い、「多文化共生アグリ交流グループ」はブラジル野菜を栽培し、小学生の収穫体験や料理教室の開催など多様な実践が生まれている。

　地域福祉ガバナンスのなかに多様な国籍・言語・文化をもつ当事者の参画とマイノリティを尊重する多文化共生の思想を位置づけること

によって、誰もが生きやすく、多様性のある地域共生社会が実現できるようになる。

《引用文献》
＊1　木下貴雄（王榮）「異文化介護を考える」『生涯発達研究』第11号、愛知県立大学生涯発達研究所、2018年、8頁

《参考文献》
①　ウルリヒ・ベック著、東兼・伊藤美登里訳『危険社会─新しい近代への道』法政大学出版局、1998年
②　朝倉美江『多文化共生地域福祉への展望─多文化共生コミュニティと日系ブラジル人』高菅出版、2017年

（朝倉　美江）

3 子育て世代と地域福祉ガバナンス

地域子育て支援拠点とは何か？

　「頼れる人のいない土地。子どもにつきっきりの長く心細い一日。ろくに家事もこなせず、うつろに考え込む。自分の存在は一体何の価値があるのだろう。孤立感が高まるにつれ、自信を失っていった」[*1]──これはNPO法人子育てひろば全国連絡協議会（以下、ひろば全協）が募集したエッセイ集「子育てひろば0123育ちの詩」に掲載された、ある母親の言葉である。ふたりの乳幼児を抱えて夫の3度めの転勤にともない出合った子育てサロンで、支援者に「またおいでね」と言われたことで心が救われ、居場所ができたと結んでいる。

　地域子育て支援拠点を利用している子育て家庭の現状について調べたひろば全協の全国調査では、「自分の育った市区町村以外で子育てをする母親」が、全国平均で全体の72.1％に達していた[*2]。知り合いのいない土地での孤立感、手助けが得られにくいなかでの子育ての負担感。このような子育ては、物理的な手助けの不足にとどまらず、心理的にも孤立している状況をもたらす。私たちは、これを「アウェイ育児」と名づけた。

　そもそも地域子育て支援拠点は、核家族化がすすみ、地域に井戸端や縁側的な交流機能が失われるなか、子ども同士、親同士、さらには地域のさまざまな人たちと子育て家庭をつなぐ「架け橋」としてのはたらきが期待され創設された。第2種社会福祉事業に位置づけられ児童福祉法を根拠法としている。市町村事業として6割以上が社会福祉法人、学校法人、NPO法人等に委託されている。また実施状況は、

保育所、認定こども園、児童館、公的施設、商店街空き店舗、専用施設等を使って週3〜7日開設し、主に就学前児童とその養育者を対象として全国7,400か所以上で実施されている。実施要綱では、次の4つの基本事業を規定している。

　　ア　子育て親子の交流の場の提供と交流の促進
　　イ　子育て等に関する相談、援助の実施
　　ウ　地域の子育て関連情報の提供
　　エ　子育て及び子育て支援に関する講習等の実施（月1回以上）

「アウェイ育児」から地域が「ホーム」になるプロセスとは？

　前述の調査で、「孤立の問題とつながりづくりのプロセス」に注目して調査結果をまとめたところ、アウェイ育児の場合には、近所で子どもを預かってくれる人がアウェイ育児でない場合に比べて約半数になるなど、孤立した子育てになる傾向が明らかになった。また、地域子育て支援拠点を利用して得た効果として、アウェイ育児の場合には、「配偶者に、拠点での話をするようになった」「子育ての悩みや不安を話せる人ができた」「子どもの友だちが増えた」と答えた母親が、アウェイ育児でない母親よりも10ポイント以上高いという結果が得られた。
　このことから、地域に安心して過ごせる居場所があることで、同じ立場の親同士の交流や語り合いによって不安を解消し、子どもの育ちを分かち合える仲間ができ、夫婦間によい影響をもたらすことが示唆された。居場所ができて安心して子育てができるようになった親たちは、次に新米のパパ、ママのよき相談相手となることが多い。時に若い世代は地域に関心がないといわれることがあるが、子どもが生まれることで地域を意識するようになる。このようなチャンスに、どのような受け入れ環境が地域にあるのかが問われているように思う。誰にも声をかけてもらえない町から、声をかけ合える関係に発展し、その

時に初めてこの地域で子育てをしてよかったと実感したと語ってくれた母親の言葉を思い出す。

子育て支援を通して「丸ごと」の地域にしていくための取り組みとは？

　地域子育て支援拠点は、就学前の親子が支援の対象となっているが、育休明けに復職する人も多く、最近では妊娠期からの支援にも力を入れている。妊娠中の母親は有職であることが多く、必ずしも地域の産後ケアサービスや子育て支援情報を知っているとは限らない。だが、出産前に地域子育て支援拠点を夫婦で訪れたり、両親教室などに参加することで、子どものいる暮らしのイメージや地域の情報を得ることで、生活の変化にともなう不安や緊張感を和らげることができるようだ。子どもが幼稚園、保育所等への入園を迎える際には、仕事との両立に悩み、実家に頼れない人はファミリー・サポート・センター事業や一時預かり事業、病児保育事業等の登録などを個人で行っておく必要がある。また、入園に関して子どもの発達上の課題から悩む親も多い。その際には、専門的な視点からの診断に加え、悩みに寄り添い、一緒に考えてくれる支援者や、同じ課題をもつ親たちとの交流の場が重要になる。小学校の入学を迎える際には、学校に付き添う支援員を探すことになるかもしれないし、通学するバスまで送ってくれるボランティアを探す必要があるかもしれない。制度や事業の拡充によるサポートに加えて、地域における多様なつながりは、生活のセーフティネットとなる。

　このように核家族で子育てをしていくためには、幼稚園、保育所、認定こども園といった施設だけではない、地域子育て支援事業やサービスを上手に利用しないとかなり厳しいと言わざるを得ない。そのため、支援者には、産前から学齢期にわたる地域資源の情報収集、関連する行政担当者との連携、関係機関とのネットワークづくり等が求め

られている。

　とりわけ、2015（平成27）年よりスタートした「利用者支援事業（基本型）」は、身近な場所で個別の相談、情報提供のみならず、具体的に事業やサービス、地域活動につないでいく事業であり、その専門員は「子育て支援コーディネーター」等の名称で呼ばれており、産前から学齢期までを対象としている。2018年度では全国に720か所に配置されているが、地域子育て支援拠点事業にその約半数が配置されている。対象年齢が幅広いこともあり、高齢分野や障害分野の相談機関との連携や、生活支援のコーディネート等を担うことが期待されている。子どもたちが学齢期になり青年期を迎えることを考えれば、子育て家庭を最初から地域で「丸ごと」包括的にみていくのは当然ともいうべきことである。

参加型の地域づくりのための取り組みとは？

　地域子育て支援拠点が、子育て家庭と地域とのつなぎ役として機能を果たすためには、支援者自身が地域とのつながりをしっかりもっていることが求められる。職員や支援団体が地域の行事を一緒に運営すれば、親たちにとっても地域の関係者は身近なものとなる。親たちのなかには、お祭りなどの地域行事を手伝ったり、得意技を活かして出店する人も出てくる。行事は参加することも楽しいが、運営側に回ることでより充実感が得られる面もある。地域住民にとっては、その地域に住む若い子育て家庭との接点をつくることにもなる。出店者には、関係機関、ボランティア団体、地域団体、高齢、障害、国際交流などの多様な分野の人がおり、お祭りという名目で、緩やかなつながりと顔合わせが行われ、いざという時の相談のしやすさにつながっている。このように、地域の機関・施設が地域に開いていること、職員が地域の中でネットワークをもっていることが、利用者である親たちが地域に参画できる地域づくりにつながっていると感じている。

子育て支援を地域づくりにつなげる
地域福祉ガバナンスの役割とは？

　前述の地域子育て支援拠点の4つの基本事業のひとつに「子育て等に関する相談、援助の実施」とあるが、身近な相談相手として日常的な会話のなかや、親同士の相互交流のなかで悩みが解決できると期待されている。保健師や専門機関で相談支援を受けている利用者もいるが、拠点ではむしろ生活の場として親に寄り添い、本人が語りたいことを聞く場を設定する機会が多い。相談につながるということ自体が大変重要であり、また通い続けてくれるということはさらに大事なのだと思う。子育てに "しんどさ" があるからこそ、仲間を得られた親たちは、他者や地域に目を向ける可能性が高い。この力を地域の循環として育てられる仕組みがあったら心強い。

　若い世代は、地域とのつながりをあまり重要視していないのではないかとの声も聞く。しかし、子どもにとって、その地域は間違いなくふるさとになっていく。SNS上のつながりや趣味などの多様なつながりに加えて、「ホーム」「地元」という感覚は、子どもが生まれて改めて気づかされるものだろう。では、子育て支援を担う人々が「地域づくり」「地域福祉」という動きを十分に意識できているか、というと心もとない気がする。それは、一方で福祉関係者が子どもの深刻な福祉課題については関心があっても、子育て全般については、自らの課題として考えていないという実態があるように思われる。地域福祉ガバナンスは広くステークホルダーが集まることを前提としているが、その範囲の広さは、狭義の福祉にとどまらないということであり、子育て家庭を支援する人々も地域福祉ガバナンスに関わっていくということは、象徴的な課題であるように思われる。地域福祉ガバナンスは、まさに子育て家庭を地域に包括的に取り込めるかどうかのスタート地点として重要だと改めて感じている次第である。

《引用文献》
＊1　「子育てひろば0123育ちの詩」NPO法人子育てひろば全国連絡協議会、
　　　2010年、37頁
＊2　「地域子育て支援拠点事業に関するアンケート調査2015」、NPO法人子育
　　　てひろば全国連絡協議会、44頁

（奥山　千鶴子）

4 地域共生社会をつくる地域福祉実践と地域福祉教育

個別支援を地域福祉として実践するとは
どういうことか？

　社協では、地域福祉の実践として、当事者の権利擁護や、当事者の地域社会関係をつむぐ生活支援の実践をめざしている。そして、その課題を地域で共有するコミュニティワーク実践へと展開させていくことが社協としての地域福祉実践である。

　かくいう筆者自身も、社協入職当時は介護の専門職として目の前の利用者の困りごとに注力し、当事者と地域との関係を意識していなかった。しかし、その後、個別支援から地域支援までの業務経験を積み重ねるなかで次のことを感じてきた。地域の中では「誰かの困りごと」として見過ごされがちな課題が多くある。その「地域の見過ごし」について、社会福祉専門職はそれを見過ごしてしまう地域住民の視点をとらえているだろうか。さらに、そうした視点を見過ごさない専門性をもって、当事者や地域に寄り添うことができているだろうか、という自らへの問いである。

　地域住民にとって、当事者の問題と地域の問題は遠くにあるようで関係は最も近い。そのことに地域が気づくことが、「ふだんのくらしのしあわせ（福祉）」に向かう第一歩ではないかと思う。だからこそ社協は、地域が当事者の生活課題を身近に引き寄せ、それを地域住民らが話し合うことによって、地域全体で解決への道筋を探れるような住民の主体性の向上をエンパワメントすることを重視する。そのためには、個人が抱える課題の背景である社会構造や社会環境が大きく影響するという社会的視点をもち、地域生活課題を把握することを常に意識することが大切である。

地域共生に向けて暮らしのなかの出来事を 把握する視点とは？

　2016（平成28）年に「地域共生社会の実現」が国の施策として位置づけられた。しかし、地域共生の実体はどこまでともなっているだろうか。社会福祉専門職は、それと関連して地域で起こる日常的な出来事を感じる力が重要であると思う。筆者が出合う、よくあるふたつのエピソードを紹介しよう。

●エピソード1「排除と包摂の間」

　高齢者のAさんは、記憶力の低下や行動の変化が顕著となったが、介護サービスを利用しながら集合住宅でひとり暮らしをしていた。しかし、ある日、半裸状態で共用廊下の掃除をしていたことから、集合住宅に出入りをしていた業者が警察に通報した。それを受けて、地域包括支援センターが中心になり、介護サービス事業者、社協の日常生活自立支援事業担当者とコミュニティワーカー、地域の民生委員・児童委員や自治会役員、隣人、遠方の親族が会議を開いた。

　専門職も親族も「施設入所の時期ではないか」という認識に傾くなかで、隣人が「服を着るのを忘れていただけでしょう？　掃除をしていただけで、何も危害を与えていないでしょう？」と言ったのだ。すると、自治会の役員からも「我われも認知症になったら、同じことをするかもしれないし、そんなことで騒がれてもなぁ」「今度から、服を着ていなかったら、家に連れて帰って着せてあげればいいんじゃないか」という発言が相次いだ。結果、Aさんは、体調を崩すまで自宅で生活を続けることができたのである。

●エピソード2「支援の受け手から地域の担い手へ」

　療育手帳をもつBさんは、障害者雇用による就労が安定したことで、ひとり暮らしを始めた。しかし友人や知人がいなかったため、仕事以

外は日々、社協の窓口に自炊した料理の写真を見せに来るか自宅にこもっている状態であった。そこで、近くの子ども食堂での調理ボランティアを勧めた。ところが、Ｂさんはかなりの人見知りと場面緘黙※1があることから、食堂に来ている子どもや親などから不審に思われてしまう可能性があった。

　実際、食堂の運営者もＢさんの様子を見て、最初は「大丈夫かな？」と思ったという。だが数か月すると、Ｂさんは食堂の重要な活動者として、常に子どもたちに囲まれる状況となっていた。Ｂさんが社協のイベントで工作ブースを設けた際、食堂で出会った親子がたくさん訪れた。そして現在、Ｂさんの出勤と子どもたちの登校時間とが重なると、「近所のお兄ちゃん」として、食堂を利用している人たちだけでなく、子どもたちをはじめ保護者からも「おはよう！」とあいさつをされるようになった。

　このふたつのエピソードは、当事者を特別な存在ではなく、地域の理解と参加の場が確保されることによって、当事者が地域住民として生活できた事例である。当事者と地域住民の日常的な関わりがもたらす相互理解と相互エンパワメントによる地域福祉実践ともいえる。

▎地域共生社会をめざす、これからの地域福祉教育の実践とは？

　筆者の社協では、先のエピソードをつくり出す地域福祉土壌を形成する地域での福祉教育を、学校と地域が連携する循環型福祉学習として実践している。

　療育手帳をもつＣ地域のＤさんと、Ｅ地域のＦさんのそれぞれの地域から相談が寄せられた。仕事を終え帰宅途中のＤさんとＦさんの独り言や決まった行動を繰り返すなどの日常の行動に、遭遇した子どもが「怖い」と保護者に伝えた。保護者が学校に連絡したところ、Ｃ地

域では警察への通報を勧められた。しかし、保護者はすぐに通報することに疑問を抱き、自治会に相談してみると不審者ではないということがわかった。それでも怖いと思ったので、Dさんの保護者にも知ってもらい行動には気をつけてほしいと保護者が自治会へ訴えた。

　また、E地域では子どもの保護者がFさんをよく知っていたため警察に通報しなかったものの、学校が警察に通報した。それを知った民生委員・児童委員が学校に確認をすると、学校側は「生徒が怖い思いをしたので当然」とし、下校時にFさんと出会わないように配慮しているというのだ。

　以上の地域での経過を経て、両自治会や民生委員・児童委員から社協へ相談が寄せられた。そこで、社協のスタッフ間では個別の対応とあわせて、障害のある人も子どもも地域住民であるからこそ、地域という枠組みで福祉教育に取り組むことを確認し合った。

　このふたつの地域からの相談を当事者（DさんとFさん）とその保護者に伝えたところ、「日頃から地域の人は私たちを気にかけ声をかけてくれる。ここの地域で暮らしていきたい」と言う。そこで、当事者の思いを地域の福祉リーダーたちに伝え、地域の理解促進に向けて、当事者とその支援者、そして自治会や民生委員・児童委員が中心となり取り組む活動の核を組織化した。

　このように、「障害のある人」として一律にカテゴライズされることで、同じ住民であるにもかかわらず、一方的に当事者が地域社会に配慮することを求められることになっている現状が地域にはよくある。しかし、一般的な障害者理解のための研修会や啓発を行っても一部の大人、それも福祉に関心ある人の集まりになりがちである。本当に参加してもらいたい「福祉に関心のない人たち」は参加しないであろう。

　そういった問題意識から、循環型福祉学習の実施を学校に働きかけることにしたのである。それは、子どもから保護者をはじめとして、福祉に関心のない人たちを含めた、多世代の地域全体の幅広い世代を

対象にする福祉教育を目的としている。しかし、学校側からは、「障害があっても子ども同士は同じ学校の友達として関わっている。だから障害者理解に問題はない」として前向きな返答が得られなかった。

　そこで、当事者の「この地域で暮らし続けたい」という思いを実現するためにはどうすればいいのかを、この問題で相談に来た地域の人たちに逆に相談をもちかけることにした。初めは、「社協がしてくれれば、手伝うよ」という姿勢であった。その後、「今当事者でなくとも、誰でも事故や病気に合い、あるいは高齢者になる。その時に、誰もが周囲の『無理解』により自分らしい暮らしが脅かされるかもしれない」という投げかけを社協側から粘り強く続けた。その対話のなかで住民自らが学校やほかの住民へとはたらきかけ始めたのである。その動きは、とても素早く、社協単独ではたらきかけても変化がなかったものが、瞬く間にすすみ出したのだった。

住民の力を引き出すために 専門職はどのような姿勢をとるべきか？

　以上の事例のように、そもそも専門職だけで地域の福祉を築くことはできないのである。地域の将来像を描き、求め、実現することができるのは、そこに住む地域の人たちである。筆者は、一般的に「困難」とされる事柄についても、出会い、向き合い、話し合い、共に考え、取り組むことで改善へと発展させていく姿に、いく度となく出合ってきた。その推進力は、「当事者も同じ地域住民である」という、住民自らの気づきと共感であった。

　地域は多様な人々で構成されている。社協の専門職として、それを理解し、誰かの「困りごと」を「自分のこと」「身近なこと」としてとらえられるような出会いと、対話のきっかけをつくることが大切である。そのことを通して無限の広がりと深まりのある、住民による地域福祉が推進されるであろう。

　最後に、専門職は「つながり」という言葉をよく使う。しかし「つながり」が地域福祉の構築ではない。専門職は「つながり」をつくるのではなく、出会いと対話のきっかけを「つむぐ」ことを、丁寧にすすめることを大切にしなければならないと強調しておきたい。

《注》
※1　幼稚園や保育所、学校のような「特定の状況」で、1か月以上声を出して
　　　話せないことが続く状態をさす

（畑 清美）

第V章

包括的支援体制と
地域福祉ガバナンス

第Ⅴ章では、包括的支援体制を構築していくうえで、地域福祉ガバナンスがどのように必要になっていくのか、6つの切り口から、具体的に記述していく。

　①包括的支援体制の構築、②地域生活課題と多機関協働、③総合相談支援の体制、④専門職と住民の連携・協働の意義、⑤新しい地域福祉計画、⑥財源、である。

　地域共生社会を実現していくための中心的な施策は、包括的支援体制をつくることである。戦後の75年間、日本の社会福祉制度は児童福祉、障害者福祉、高齢者福祉といった分野ごとに制度をつくり、その枠組みに従って支援をしてきた。結果として、特定の分野がつくられてきた。ところが今日、そうした制度の狭間や複合的なニーズ、あるいは社会的孤立による潜在的なニーズなどに対応することが難しくなっている。また人口減少や少子高齢化の進展のなかで、新しいセーフティネットとして、包括的支援体制が求められてきた。

　しかし包括的支援体制は、社会福祉法で法定化されたものの、その構築にむけては課題が山積している。本章では、地域生活課題とは何かを第2節で整理し、それに応えていくための総合相談支援の仕組みについて第3節で提案している。第4節では専門職や支援機関だけでのネットワークだけではなく、地域住民との連携・協働が不可欠であることを確認している。それらを整備していくためのツールが「地域福祉計画」（第5節）である。2020年の社会福祉法の改正によって新規事業として位置付けられた重層的支援体制整備事業(175頁参照)は、包括的支援体制を市町村で具体的に推進していく事業である。第6節では推進していくための地域福祉の財源について整理している。

　地域福祉ガバナンスは理念や方法論だけでなく、具体的な施策を推進していくうえで、とても重要な考え方になることを理解してほしい。

（原田 正樹）

座談会から
（編著者：原田 正樹、藤井 博志、渋谷 篤男）

連携・協働と地域福祉ガバナンス

渋谷　私が気になっているのが、分野ごとの専門職との調整がうまく
　　　いっていないことです。専門職間の連携は難しいことですが、特に、
　　　総合相談ということが皆さん理解できていないのではないかと思
　　　います。地域福祉の総合相談は、専門職をたくさん配置すればい
　　　いと思われがちですが、今めざしている地域共生社会では、住民
　　　自身からの相談や民生委員・児童委員の役割を重視しています。
　　　また、総合相談は制度からこぼれた課題をつなぐ相談と位置づけ
　　　られています。しかし、そのふたつがあって初めて総合相談がで
　　　きる、ということの理解がすすんでいないのではないでしょうか。

藤井　その理解がすすむためには、地域住民と福祉専門職、行政の三
　　　者の意識改革が必要ですね。地域福祉は一方的な支援というよ
　　　り、住民と協働したり助けられたりするものです。ところが、
　　　福祉専門職の人たちは、実践をする時に自分の住民性を振り返
　　　ることや、自分が当事者だったら誰を頼りにするかといった想
　　　像力をはたらかせることはあまりありません。これから地域で
　　　働く専門職は、専門性のなかに自分の内なる住民性を問いなが
　　　ら仕事をしなければなりません。しかし、そのトレーニングが
　　　できていないように感じます。

渋谷　そのことが住民と協働できない、専門職間の連携ができない理
　　　由のひとつですね。

原田　しかし一方で、専門職としての仕事と住民としての私生活、ワー
　　　ク・ライフ・バランスを考えると、オン・オフを区別したいと
　　　いう声もあります。

藤井　そうですが、コミュニティベースで活動するソーシャルワー

カーの宿命のような気がします。専門職自身の住民性が問われるので、自由自在に切り替えられるトレーニングが、地域福祉で働くソーシャルワーカーを育てる時に必要なことだと思います。しかし、多様な利害関係者に対応しなければならない地域という場で働くストレスマネジメントは重要ですね。

渋谷　住民と協働するということがどういう意味なのかを丁寧に考えなければいけませんね。

原田　包括的支援体制では、従来のような制度による縦割りの専門職間の連携（多職種・多業種連携）と、専門職と地域住民との連携（地域連携）、がうまくつながることを想定しています。それには単なる連携図を書いているだけではなく、一人ひとりのニーズ、地域のニーズを協働して解決していくという実践、プロセスが必要です。

改めて地域福祉ガバナンスとは

原田　最後に、改めて地域福祉ガバナンスとはどういうことだと思いますか。私自身は、地域福祉ガバナンスが目的ではなく、地域福祉ガバナンスという仕組みや考え方を意識的に整えていくことが、つながりや自治、多様性といった新しいニーズに対応した次のステージの地域福祉をつくるのだと考えています。

藤井　私は、福祉性をもった自治を形成する概念ととらえています。地域福祉そのものが固定的なものではなく、形成していくものなので、変動のある社会ニーズに対して協働的に解決していくひとつの考え方として、地域福祉ガバナンスが必要です。

渋谷　よく社会貢献、地域貢献という言葉が使われますが、今回の地域共生社会における「住民」には、社会福祉法人も企業も含まれています。「貢献」というとメンバーではなくなるので、そのことが考えていくひとつのヒントになる気がします。

1 包括的支援体制の構築と地域福祉ガバナンス

包括的支援体制とはどんな体制のことか？

2017（平成29）年に改正された社会福祉法では、包括的支援体制を整備していくことを、市町村の新たな努力義務としている。

社会福祉法　第106条の3

市町村は、次に掲げる事業の実施その他の各般の措置を通じ、地域住民等及び支援関係機関による、地域福祉の推進のための相互の協力が円滑に行われ、地域生活課題の解決に資する支援が包括的に提供される体制を整備するよう努めるものとする。

（※2020年改正により一部修文されている→174頁参照）

具体的には第106条の3第1項では、（1）地域住民が自ら暮らす地域の課題を共有し、解決にむけて協働できるような地域づくりの取り組み（**図4**の【1】）、（2）さまざまな相談を「丸ごと」受け止める場の整備（**図4**の【2】）、（3）相談機関の協働、ネットワーク体制の整備（**図4**の【3】）をあげている。

（1）地域づくりの取り組み（**図4**の【1】）

法律では具体的に①「地域福祉に関する活動への地域住民の参加を促す活動を行う者に対する支援」、②「地域住民等が相互に交流を図ることができる拠点の整備」、③「地域住民等に対する研修の実施」、④「その他の地域住民等が地域福祉を推進するために必要な環境の整

備に関する事業」といった地域福祉活動をあげている。

つまり、①はボランティアや市民活動など、参加を促す中間支援組織（例えばボランティアセンター）などの活動への支援、②はさまざまな人たちが交流できる拠点（例えばサロンやカフェ、こども食堂など）の整備、③は啓発・広報や学習の機会といった福祉教育、④は例えば地区社協等の組織化や地域福祉行動計画などの策定が該当する。

換言すれば、従来の社協等の地域福祉活動推進の事業は、ほとんどがここに当てはまる。今まで社協等の地域福祉推進事業には法的根拠がないといわれていたが、2017年の社会福祉法改正で、きちんと地域福祉活動が位置づけられた。

(2)「丸ごと」受け止める場の整備（図4の【2】）

具体的に、地域住民等が自らほかの地域住民が抱える地域生活課題に関する①「相談」に応じ、②「必要な情報の提供」および③「助言」を行い、必要に応じて、支援関係機関に対し、④「協力を求めること

図4　包括的支援体制のイメージ図

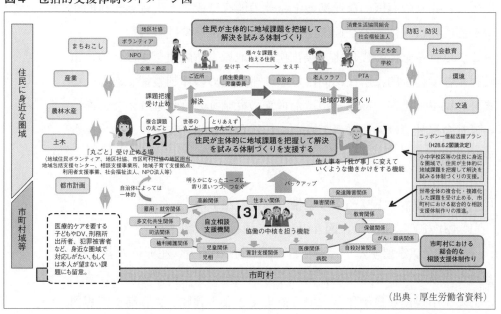

（出典：厚生労働省資料）

ができる」体制の整備に関する事業をあげている。

　より「住民に身近な圏域」で、こうした地域生活課題に対して、上記①〜④の機能が果たせる「総合相談の機能」を整備していくことである。

　ただし筆者は、これら4つの機能に加えて、⑤「住民等と協働してニーズキャッチができる」、⑥「アウトリーチができる」、⑦「支え合うネットワークがつくれる」、⑧「必要な社会資源がつくれる」といった機能も加え、計8つの機能が果たせることが必要であると考える。

　こうした（1）と（2）を「住民に身近な圏域」を単位として整備していくことになる。その際に、どういった専門職が、どこで（拠点）、どのように支援していくかが重要な課題になる。ただし、すべての地域生活課題を「住民に身近な圏域」で解決を求めているのではない。

（3）相談機関の協働、ネットワークの体制整備（図4の【3】）

　市町村全域で、生活困窮者自立支援法による「生活困窮者自立相談支援事業を行う者その他の支援関係機関が、地域生活課題を解決するために、相互の有機的な連携の下、その解決に資する支援を一体的かつ計画的に行う体制の整備に関する事業」が位置づけられた。

　これは世帯全体の複合化、複雑化した地域生活課題を受け止め、市町村全体で総合的に解決に向けて取り組むための体制整備である。つまり、児童・障害・高齢といった従来の縦割りの分野を越えて、あるいは社会福祉だけの関係者ではなく、総合的な相談支援体制のネットワークである。

（4）広域でのネットワークの整備（図4の左下）

　（1）（2）（3）に加えて、**図4**の左下に注目してほしい。

　「医療的ケアを要する子どもやDV、刑務所出所者、犯罪被害者など、身近な圏域で対応しがたい、もしくは本人が望まない課題にも留意」とある。小規模な自治体だけでは対応できない課題、より高次で専門

的な介入が必要な課題、居住地から離さないといけない事例、あえて身近なところでは支援を受けたくない場合など、市町村広域や県域などを圏域として支援するネットワークも必要である。

　包括的支援体制とは、こうした体制を整備していくことであり、こうした体制整備を市町村の努力義務にしたのである。

包括的支援体制と
地域包括ケアシステムとの関係は？

　「地域包括ケアシステム」は、高齢期のケアを念頭においた概念として使用されてきており、現在、各地で地域包括ケアシステムの構築に向けての取り組みが行われている。介護保険事業を中心に、医療や保健分野との連携、生活支援コーディネーターによる地域づくり、介護予防や生活支援サービス事業など、さまざまな関係者や事業がネットワークを重層的につくり、包括的に支援をしていくための体制である。

地域における医療及び介護の総合的な確保の促進に関する法律　第2条

この法律において「地域包括ケアシステム」とは、地域の実情に応じて、高齢者が、可能な限り、住み慣れた地域でその有する能力に応じ自立した日常生活を営むことができるよう、医療、介護、介護予防（要介護状態若しくは要支援状態となることの予防又は要介護状態若しくは要支援状態の軽減若しくは悪化の防止をいう。）、住まい及び自立した日常生活の支援が包括的に確保される体制をいう。

　一方、地域共生社会の実現に向けては、「地域包括ケア」の「必要な支援を包括的に提供する」という考え方を、障害者、子どもなどへの支援や、複合課題にも広げた包括的支援体制を構築していく必要がある。

　「地域共生社会の実現に向けた包括的支援体制」とは、このように「地域包括ケア」の理念を普遍化し、高齢者のみならず、障害者、子ども

など生活上の困難を抱える人への包括的な支援体制とするものである。すなわち、「地域共生社会」とは、地域包括ケアシステムを包含する概念であるといえる（**図5**参照）。

包括的支援体制の構築と地域福祉ガバナンスのあり方は？

このような「包括的支援体制」を計画的に整備していく、あるいはこの体制整備にかかる費用や人材などを確保していくためには、行政計画として「地域福祉計画」（社会福祉法第107条）に盛り込むことが望ましい。

このことは、第6条第2項で「国及び地方公共団体は、地域住民等が地域生活課題を把握し、支援関係機関との連携等によりその解決を図ることを促進する施策その他地域福祉の推進のために必要な各般の措置を講ずるよう努めなければならない」（2020年改正により一部修

図5　地域共生社会の実現に向けた包括的支援体制

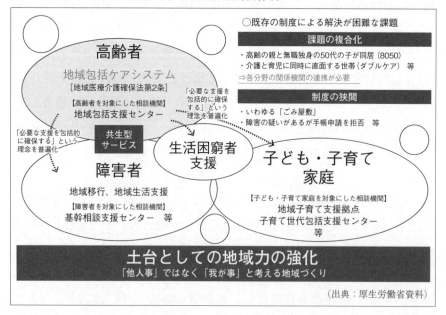

（出典：厚生労働省資料）

文されている⇒173頁参照）とされた地域福祉推進にかかる行政の責務を明確にすることにもつながる。

　地域共生社会の実現に向けた包括的支援体制では、世帯全体の地域生活課題を把握し、従来の縦割りの制度では対応できなかった「制度の狭間」をなくすということの重要性が指摘される。しかしそれは単に該当する制度がなかったということではなく、要件に当てはまらないからといって「利用を拒んできた」専門職の問題もある。さらに「縦割り、前例、横並び」をよしとしてきた組織的な問題でもある。

　「縦割り」がよくないと簡単に指摘はできるが、それをなくすということは簡単なことではない。まして、戦後の75年間、日本の社会福祉制度は、対象・分野ごとの制度の枠組みのもとで展開してきた。地域共生社会とは、それをなくしていこうという挑戦である。それは理念的な理由からではなく、そうしていかなければ現代のニーズに応えられないという切実な「現実」からの求めである。

　縦割りの福祉制度の象徴が、「措置制度」のもとで組織化された福祉事務所であるとすれば、その機能や役割を、今日的なニーズに対応できる組織に再編していくことが不可欠である。

　包括的支援体制を検討する際には、さまざまな関係者の参加のもと地域福祉ガバナンスが機能できること、つまり、地域福祉を推進するために横断的かつ企画・調整力を発揮できる行政組織のあり方についても検討しなければならないのである。かつ、それは同時に社協など民間組織の改革も求められることになる。

（原田 正樹）

141

2 多様化・複雑化した地域生活課題と多機関協働の必要性

社会福祉法第4条（地域福祉の推進）は どう改正されてきたのか？

　2000（平成12）年の社会福祉基礎構造改革として、社会福祉法第1条に「地域における社会福祉（以下、「地域福祉」という。）の推進を図る」ことが明記された。さらに第4条で「地域福祉の推進」が初めて規定された。

　第4条では、「地域住民、社会福祉を目的とする事業を経営する者及び社会福祉に関する活動を行う者（以下「地域住民等」という。）は、相互に協力し、福祉サービスを必要とする地域住民が地域社会を構成する一員として日常生活を営み、社会、経済、文化その他あらゆる分野の活動に参加する機会が確保されるように、地域福祉の推進に努めなければならない」とされている。ここでのポイントは、地域福祉の推進にあたっては「三者関係」による相互協力が定められていることである。

　留意しなければならないのは、「地域住民等」のなかに、「社会福祉を目的とする事業を経営する者」が含まれるということである。これには社会福祉法人や特定非営利活動法人などが幅広く想定されており、そこに所属する専門職も含まれる。

　「地域住民等」といわれると、地域住民（インフォーマル）だけを対象にして、そこに活動を丸投げするのではないかという批判もあるが、この「等」には法人（フォーマル）も含まれている。むしろ大事なのは三者の相互協力のあり方を考えることである。

　また重要なのは、「福祉サービスを必要とする地域住民が地域社会

を構成する一員として日常生活を営み」という部分である。この条文冒頭の「地域住民」という概念には、福祉サービスを必要とする住民が包含されている。さらに福祉サービスの利用契約をしている利用者だけではなく、サービス利用に至っていないが「必要としている」人たちをもすべて包摂しているのである。つまりここでの「地域住民」とは、ソーシャルインクルージョン（社会的包摂）の理念を示している。

さらに「社会、経済、文化その他あらゆる分野の活動に参加する機会が確保されるように」とある。この社会、経済、文化その他あらゆる分野の活動に参加するという「完全参加」の考え方は、従来の社会福祉事業法、障害者基本法、身体障害者福祉法からの継承であり、ノーマライゼーション（共生社会）の理念である。ただし2017年の改正前は「参加する機会が与えられる」とされていたが、障害者差別解消法などの趣旨から、今回の改正では「参加する機会が確保される」となった。

「地域生活課題」とはどんな考え方か？

2017年の改正では第4条に第2項（2020年改正で第3項）が新たに加えられた。それが「地域生活課題」である。地域福祉の推進にあたっては、この地域生活課題を把握し、連携して、解決していくことに留意するよう、具体的に定められた。

地域生活課題とは、「地域住民及びその世帯が抱える福祉、介護、介護予防（要介護状態若しくは要支援状態となることの予防又は要介護状態若しくは要支援状態の軽減若しくは悪化の防止をいう。）、保健医療、住まい、就労及び教育に関する課題、福祉サービスを必要とする地域住民の地域社会からの孤立その他の福祉サービスを必要とする地域住民が日常生活を営み、あらゆる分野の活動に参加する機会が確保される上での各般の課題」である。

　ここには大きく3つのポイントがある。ひとつは、従来のように個人だけではなく、その世帯が抱えている課題を複合的にとらえ、家族支援をすることである。例えば8050問題といわれる80代の親と50代の子どものひきこもりの問題を、別々ではなく世帯の支援としてとらえる。あるいは、親の介護と育児を同時にしなければならないダブルケアの問題などを世帯全体でとらえていく必要がある。

　ふたつめは、福祉や介護、保健、医療だけではなく、住まい、就労、教育にまで広げた地域生活課題の把握が重要になる。これからはアセスメントの視点を意識的に広げる必要があり、まさに生活の全体性が強調されている。

　例えば「教育」という枠組みが加わった。子どもであれば、学校内外での学びや学習支援など、教育環境をアセスメントすることになる。しかし教育とは子どもだけが対象ではない。社会教育、生涯学習も大切な視点である。その人にとっての学ぶ権利や、その環境にも目を向けていく必要がある。

　3つめは、社会的孤立や社会参加の機会の確保である。つまり、社会的包摂や合理的配慮の課題などを含めて、「地域生活課題」として把握していくことである。実はこれは大きな改革である。社会的孤立や社会参加のニーズを把握するためには、地域生活の様子を総合的にアセスメントしなければならない。それには本人たちの現況だけでなく、周囲の社会関係の様子も踏まえることが必要になる。まさに「社会モデル」としてのニーズキャッチである。つまり「地域生活課題」の把握には、本人・世帯・地域の複合的かつ包括的なニーズキャッチが必要になる。こうした「丸ごと」のアセスメントをしていかなければならない。

　今後どのようにアセスメントをしていくかという枠組みや方法の問題でもあり、かつソーシャルワークの専門性が問われることになるだろう。

　一方で、こうした地域生活課題は、本人や家族からの申請を待って

いては、ますます困難化していく。場合によってはセルフネグレクトであることも多い。早期解決のためには申請主義によらず、アウトリーチが重要になる。

　しかし、専門職だけがアウトリーチするのには物理的にも限界がある。地域のなかで発見の仕組み、予防の仕組みをつくっておくことが有効になる。そこでは、「地域生活課題」とは何かを地域住民とも共有していくことが大切である。もちろん民生委員・児童委員の協力はこれまでも大きな力になってきたが、より多くの人たちと今日的な社会福祉の現状について共有し学んでいくこと、そのなかで理念を合意していくこと、社会的孤立や社会参加のことも含めて啓発活動や福祉教育を推進していくことが求められる。

　さらに2020年の改正では、「地域福祉の推進は、地域住民が相互に人格と個性を尊重し合いながら、参加し、共生する地域社会の実現を目指して行われなければならない」（第4条）という理念が明記された。

これからの地域福祉の推進体制 （地域福祉ガバナンス）とは？

　社会福祉法第4条には、地域福祉の推進に国および地方公共団体は含まれていなかった。地域共生社会は地域住民に「丸投げ」することでも、我が事として「押しつける」ものでもない。地域福祉の推進における公的責任を明確にしておく必要がある。

　そこで2017年の改正では、第6条に国および地方公共団体の責務として、「地域住民等が地域生活課題を把握し、支援関係機関との連携等によりその解決を図ることを促進する施策その他地域福祉の推進のために必要な各般の措置を講ずるよう努めなければならない」と明記された。地域福祉の推進が従来の「三者関係」（第4条）から、「四者関係」（第4条＋第6条）という新しいステージに移行したのである。

　これから行政が地域福祉を推進するにあたって、これまでの行政組

織による縦割りの弊害を克服していくため、横断的な組織再編も含めた検討が必要になっていく。具体的には地域福祉の視点からの企画や調整、総合相談支援といった機能を展開できる組織であることが重要になる。

　このなかで、第4条の「社会福祉を目的とする事業を経営する者」の役割も、この改正で新たに定められた。第5条と第106条の2である。第5条では、福祉サービス提供の原則として、地域福祉の推進に係る取り組みを行う他の地域住民等との連携を図ることが位置づけられた。また第106条の2では、地域で相談援助活動に関する事業のなかで、「当該事業を行うに当たり自らがその解決に資する支援を行うことが困難な地域生活課題を把握したときは、当該地域生活課題を抱える地域住民の心身の状況、その置かれている環境その他の事情を勘案し、支援関係機関による支援の必要性を検討するよう努めるとともに、必要があると認めるときは、支援関係機関に対し、当該地域生活課題の解決に資する支援を求めるよう努めなければならない」とされた。

　ひと言でいえば、「見て見ぬふり」をしてはならない、ということである。たとえ事業所では解決できないような課題であっても、状況を把握してきちんと必要な支援機関につなぐ必要がある。そしてそのつなぎ先が、今後、市町村ごとに構築されていくことが期待されている「包括的支援体制」（第106条の3）になる。

　新たに規定された「地域生活課題」をどうアセスメントして、それに基づき支援機関等と連携して解決に資する支援をしていくか。また、新しいセーフティネットとしての包括支援体制をどう構築していくか。それには、個別（本人や世帯）の支援から地域支援につなげていくための関係者のネットワークが必要である。また、地域生活課題の把握のためには、福祉・保健・医療だけではない幅広い関係者が求められる。またその関係者（地域住民等）のなかには、専門職だけではなく、地域住民や活動者も含め、重層的に予防につながるネットワークをつくらなければならない。これは地域支援から個別支援につなげていく

ことでもある。

　一方で、把握されたニーズに対して包括的な支援のネットワークも必要になる。住民に身近な圏域で解決できること、市町村単位で解決していくこと、ニーズによっては近隣の広域や県単位で対応していくことなど、構造的な支援のためのシステムが必要になる。

　こうした一連の包括的な総合相談支援を展開し、セーフティネットやシステムを構築していくためにも、地域福祉ガバナンスをすすめていかなければならない。

（原田　正樹）

3 漏れなく対応する仕組みづくり

　「包括的支援体制」という言葉に象徴されるように、あらゆるニーズに必要な支援を包括的に提供することが求められているが、本節はそのことを「漏れなく対応する」「漏れを生じさせない」ための仕組みづくりに何が必要かという観点から検討を行う。

専門相談をできるだけ集めた総合相談機関をつくることが必要ではないか？

　高齢者、障害者、児童などの分野別の専門相談支援機関が相談者を必要な制度（サービス）に結びつけることで解決できる課題であれば、当然、当該の相談機関で十分に対応できる。この場合は、相談者は自身の課題を明確に理解していることが多いと考えられる。

　複合的な課題があっても、相談者が明確に理解しているのであれば、ほかの相談機関につないで解決に至ると考えられる。しかしその場合、最初に相談を受ける相談機関が専門外の課題を十分に理解していることが必要である。

　この点について、「社会福祉法」は地域包括支援センター、地域子育て支援拠点、障害者相談支援事業所等に対し、次のようなことを求めている。

社会福祉法　第106条の2

（前略）自らがその解決に資する支援を行うことが困難な地域生活課題を把握したときは、当該地域生活課題を抱える地域住民の心身の状況、その置かれている環境その他の事情を勘案し、支援関係機

関による支援の必要性を検討するよう努めるとともに、必要がある
と認めるときは、支援関係機関に対し、当該地域生活課題の解決に
資する支援を求めるよう努めなければならない。

　また、厚生労働省は通知「地域共生社会の実現に向けた地域福祉の
推進について」[*1]において、第106条の2に関して、次のような説明
を行っている。

（前略）自らが解決に資する支援を行うことが困難な地域生活課題
を把握した場合には、必要に応じて適切な支援関係機関につなぐこ
とを各相談支援を担う事業者の努力義務としたものである。なお、
必要に応じて適切な機関につないだ後であっても、当該相談支援を
担う事業者は、引き続き、相談者とその世帯が抱える地域生活課題
全体の把握に努めながら、相談支援に当たることが期待される。

　ここで述べられていることは、さまざまな相談を「できるだけ幅広
く受け止める」ことであるが、総合相談を実現するための一歩である
と思われる。
　総合相談の実現に向けては、①最初の相談を受ける窓口を一本化す
ること、②各種相談支援機関を同じ場所にまとめること、③各種相談
支援機能の一本化（職員の兼務化）すること、などの段階があると考
えられるが、制度間、組織間の調整が自治体レベルでも必要であり、
実行はなかなか難しい面もある。
　特に実施組織が分かれている場合には、すべての一本化は困難であ
り、連携の推進、互いの専門性の理解（とりわけ専門職間の価値観の
すり合わせ）を促進し、地域全体での総合相談のネットワークをつくっ
ていくことが取り組み課題になると思われる。

制度で対応できない課題への相談支援体制は どのように組み立てたらよいか？

　前項では、最初に相談を受けた相談支援機関が自ら対応できない課題について、他機関につなぐことが必要であるとしたが、実際には、制度（だけ）で対応できない課題は相当量あり、分野別の機関間の連携のみでは、課題解決には至らないことが多い。そのため、当該の機関が本来の機能を超えて制度外のことに対応すること、それでも解決できない場合には、制度で対応できない課題に柔軟に対応することができる機関につなぐことが必要となる。

　この制度で対応できない課題については地域社会・住民の関わりが必要であり、前項の総合相談機関をつくることとは別の文脈で考える必要がある。

　「生活困窮者自立支援法」は生活困窮者を次のように定義している。

生活困窮者自立支援法　第3条

この法律において、「生活困窮者」とは、就労の状況、心身の状況、地域社会との関係性その他の事情により、現に経済的に困窮し、最低限度の生活を維持することができなくなるおそれのある者をいう。

　さらに、生活困窮者自立支援法の元となった社会保障審議会生活困窮者の生活支援の在り方に関する特別部会報告書は次のように述べている。

（生活支援体系の基本的視点）
生活困窮者が孤立化し自分に価値を見出せないでいる限り、主体的な参加へ向かうことは難しい。一人一人が社会とのつながりを強め周囲から承認されているという実感を得ることができることは、自立に向けて足を踏み出すための条件である。新たな生活支援体系は、地域社会の住民をはじめとする様々な人々と資源を束ね、孤立している

人々が地域社会の一員として尊ばれ、多様なつながりを再生・創造できることを目指す。そのつながりこそ人々の主体的な参加を可能にし、その基盤となる。

ここで述べられているように、要援助者を専門職のみならず、地域社会・住民が支えることの重要性の認識は広がりつつあるが、今なお、専門相談支援機関の補完という位置づけや、依頼に基づいて住民が担うものととらえている向きがある。

このことは専門相談支援機関が制度外の課題に対応しなくてよいという意味ではなく、両方のアプローチが必要であるという理解のもと、お互いの連携をすすめることが重要であり、これも漏れを生じさせないポイントである。

住民の相談支援活動は実際に機能しているのか？

住民による相談支援機能としては、例えば、大阪府豊中市では「福祉なんでも相談」、兵庫県西宮市では「地区ボランティアセンター」という地域福祉推進基礎組織（66頁参照）の設置する相談窓口がある。

しかし、実は、これらの窓口への相談件数はあまり多くない。というのは、通常の福祉活動のなかで自然と相談が寄せられるからで、看板を設けることで「相談を気軽にしてください」というメッセージを伝えているのである。

ニーズの把握、相談機能において力を発揮している活動としては、見守り・支援活動、ふれあい・いきいきサロン、子育てサロン、食事サービス、移動サービスなどである。例えば、ふれあい・いきいきサロンは、楽しくおしゃべりしたり、交流したりする場だが、世話役のボランティアに相談をするという光景はよく見られるものであり、また、相談というかたちでなくても、支援や会話を通じて、ニーズを把

握することになる。

　これらの住民の活動は相当な力を発揮していると考えられるが、具体的には、専門職とは異なる距離感が自然な相談を生むこと、生活目線で見ることで専門職の枠を超えたニーズ把握があること、相談支援の経験を通して住民が積極的に支える意識をもつことなどが、漏れなく対応することに大きく貢献しているものと思われる。

　一方、専門職の判断や制度につなぐという面からは、専門相談支援機関との連携は不可欠である。必要な場合に連絡するというだけでなく、専門職が必要に応じて相談の場に同席する、定期的にケースカンファレンスに参加することなどが実施されるようになってきた。このような活動を通じて、住民自身も、課題を見る目を身につけることになる。

漏れに必ず対応する役割を担う 相談支援機関が必要ではないか？

　以上の取り組みで漏れのない対応が実現するのか、というと、漏れを確実に拾っていく仕組みが必要だと思われる。

　厚生労働省通知[*2]では「ネットワークの形成や支援チームの編成に当たって、協働の中核の役割を担う機能が必要である。例えば、生活困窮者自立支援制度における自立相談支援機関や地域包括支援センター、基幹相談支援センター、社会福祉協議会、社会福祉法人、医療法人、NPO、行政等の様々な機関が担うことがあり得るが、地域の実情に応じて、地域で協議し、適切な機関が担っていくことが求められる」とし、市町村段階の協働の中核の必要性を述べている。

　連携・協働は時にニーズ対応の譲り合い（押しつけ合い？）になるが、連携・協働の調整のなかで漏れたものに必ず対応するという役割は重要である。

　その点、生活困窮者自立支援事業の自立相談支援機関は、次のように対象をとらえている。

> 自立相談支援事業について、法は所得や資産などの具体的な要件を定めていません。生活困窮者の多くが複合的な課題を抱え、これまで十分支援が行われてこなかったということを踏まえれば、自立相談支援事業の運営にあたっては、できる限り対象を広くとらえ、排除のない対応を行うことが必要です[*3]。

　しかし、生活困窮者自立支援事業はあらゆる相談に応えるのだからという理由で、専門相談機関が安易に何でもつないでくるという苦情も出ている。

　繰り返しになるが、前提として、それぞれの相談支援機関が相談者のもつ課題を幅広く受け止め、解決を図る努力をすること、それをもとに協働をすすめるなかで、はじめて適切な「協働の中核」が生まれてくる、と考えられる。まさしく「地域福祉ガバナンス」の発想が必要なのである。

制度の縦割りを克服することがまず先決ではないか？

　この制度の縦割り問題を解決するために、厚生労働省では「重層的支援体制整備事業」として新しい補助金の仕組みを検討し、2020（令和2）年に社会福祉法が改正された。分野ごとに行われている各相談事業（地域包括支援センター等）の補助金を分野を超えて使えるようにすることを図るものである。この実施は、個々の自治体の「手上げ」で実行されることとされており、各自治体の積極的な対応が望まれる。

　しかし、分野ごとの縦割りがすすんでいるのは、ソーシャルワーカーが分野ごとの専門性追求のあまり、他分野の課題に疎遠になったり、制度サービスに結びつけることで精一杯になっている、というような状況はないだろうか。相談支援にあたる専門職の環境の改革、そして意識変革も求められているように思われる。いわゆる庁内連携、組織

間の協働の仕組みと同時に、専門職間の連携・協働も大きなテーマであると考えられる。

（渋谷　篤男）

《引用文献》
＊1　厚生労働省3局長通知「地域共生社会の実現に向けた地域福祉の推進について」平成29年12月12日
＊2　厚生労働省老健局振興課等5課長通知「地域づくりに資する事業の一体的な実施について」平成29年3月31日
＊3　『生活困窮者自立支援法　自立相談支援事業従事者養成研修テキスト』中央法規、2014年、15頁

4 多職種連携時代の専門職と住民による協働の意義

地域福祉における多職種連携の意義と課題は何か？

(1) 多職種連携における社会福祉専門職の役割

　現在、地域包括ケアの政策推進と関連して多職種連携が強調されている。この場合の多職種連携とは、主に医療・保健・介護・福祉分野の専門職連携である。この連携には、患者・クライアント・利用者・本人・当事者と呼ばれる、おのおのの援助対象者観の違いや自然科学と人文社会科学という学問的教育体系の違いなどの、乗り越えるべき基本的な課題がある。しかしその前提に、全人的アプローチの必要性の了解のもとで連携が成立している。

　この全人的アプローチの視点とは、人間の総合性に着目した視点である。そして、その先には生活・人生の視点がある。すなわち、多職種連携には生活者視点を共通基盤にした連携が求められているといえる。この観点からみる社会福祉分野の役割は大きい。なぜなら、社会福祉こそ「生活者視点」の実践だからである。したがって多職種連携において社会福祉が担う役割は、医療・保健・介護領域等の実践を、患者や当事者等が生活者として生活する場として地域をとらえ、その基盤のもとに連携を促進させることにある。

(2) 地域福祉における多職種連携の課題

　前述のような医療・保健・介護連携を主軸にした地域包括ケアの多職種連携に加えて、新たな連携課題が生起している。それは、1990年代なかば以降に現れた、貧困格差と社会的孤立からなる社会的排除

への対応に関する課題である。

　これと関連する施策動向として、地域生活課題を対象とした包括的支援体制の構築を認識しておく必要がある。再度確認しておくと、地域生活課題には、医療・保健・介護・福祉連携から、住まい・就労・教育・生活関連領域との連携までを含めた他（多）業種連携が求められるとともに、社会的排除と孤立から社会参加をめざす連携が求められている。そして、これらの課題は「制度の狭間の問題」といわれる問題群である。

社会的孤立と制度の狭間の問題とは何か？

(1) 社会的孤立への対応課題

　「社会的孤立」には統一した定義はないが、次のように理解しておきたい。

> 社会的孤立とは、誰も相談相手がいないなど、社会とつながりたいと願っていてもつながれない社会関係の不全が、社会的要因によって生じている状況のことである。そしてすでに周知されているように、日本の社会的孤立の状況は国際社会のなかでも最も深刻な状況にある[*1]。

　この極限の状況のひとつであるホームレスへの支援から生まれた実践に伴走型支援がある。この支援の本質は、孤立していたその人の人生を他者との関わりのなかで物語化することを手助けする実践であると説明されている[*2]。人は社会関係のなかで存在承認と役割を得て、人として蘇生する。それはまた、自立の前提として、人と関わる場への参加が保障されていなければならないということである。このように考えると、社会的孤立に対応する専門職間連携における社会福祉職

は、相談援助職だけでなく、直接的、日常的に当事者に関わるケアの専門職の参加が重要である。また、見守り活動やサロン活動などの地域での関わりや居場所をつくる地域住民やボランティア、寄り添い支援をする民生委員・児童委員や保護司、さらに当事者同士の場やピアサポートを行うセルフヘルプグループなど、伴走型支援を形成する専門職、住民、当事者の多様な関わりが求められることになる。

(2) 制度の狭間の問題への対応

　近年、社会的孤立への対応の課題を「制度の狭間の問題」と呼んでいる。

　この問題とは「狭間」のみに注視するのではなく、あくまでもニーズに対応するため、制度では対応できない課題も受け止めるという実践姿勢を表す用語である。すなわち、断らない総合相談支援であり、包括的支援体制の中核的実践の対象である。

　ちなみに、制度の狭間のニーズとは、次の4点の特性をもっているといえる。①家族支援をともなう複合・多問題ケースにキーパーソンが不在であること、②それらの諸要因によって社会から孤立し潜在化していること、③その問題に対応する制度・サービス、支援システムに不備があること、④その問題が地域社会の問題として認識されていないこと、である。この特性から、家族の参加とともに、地域の問題として発見、認識する地域社会の参加が必要となる。そして、制度・サービス、支援システムの不備に対応する社会資源の「開発」が専門職間連携の課題として浮上するのである。つまり、この開発の実践は、地域住民の参加・協働がなければ成果は表れにくいのだろう。

住民との協働による開発は
どのように考えたらよいか？

　このような背景のなかで社会資源開発は重要な実践課題となってき

ているが、ここでは、社会資源開発をサービス開発として狭くとらえるのではなく、地域生活課題に対応する地域福祉の開発として、視野を広げて考えてみたい。

　社会資源とは、人が人らしい社会生活を送るために必要な社会的ニーズを充足するための、地域にあるあらゆるもの（人、モノ、時、知らせ、つながりなど）を示す。しかし、それでははたらきかけるターゲットが漠然とし過ぎていて、開発のための実践を曖昧にさせる。そこで、地域福祉における開発的な実践をほぼ覆う、3つの開発領域を具体的に設定することにする。それは、「地域社会における共同性（つながり）の開発」「地域福祉のネットワークの開発」「地域ケア・サービスの開発」である。

　この3つの領域のなかで基盤となるのが、地域社会における共同性（つながり）の開発である。そして地域社会を基盤に多様な主体が協議・協働し、新たな課題へ対応していく重層的なネットワーキングが地域福祉のネットワークの開発である。地域福祉のネットワークとは、地域包括ケアシステムや制度の狭間に対応するセーフティネットシステムを実質的に稼働させるエネルギーの源泉としての連携・協働である。その連携主体は、専門職間、住民間、住民と専門職間など多様であり、その多様な主体が連携しやすい圏域ごとに、協議・協働の場を形成することが想定される。しかし、「社会資源の開発＝フォーマルなサービス資源」という短絡的な思考をしてはいけない。ましてや、インフォーマルな住民の活動をサービス資源化しようとする考え方は、かえって地域の共同性を侵食し、その分断化に作用する危険性すらある。

　また、社会資源開発は大別すると4つの方法がとられる。ひとつめは行政の予算化による事業化である。ふたつめは、事業者などの民間組織による単独事業化である。3つめの方法として、生活防衛のために当事者や住民、関係者によるボランタリズムに依拠したネットワークによる協働から社会資源を生み出すことになる。4つめは、最も厳しい状況下にあり、その状況転換がネットワークだけでは困難な場合

に、ソーシャルアクションという運動方法が採用される。この4つの方法のうち、日常の実践では3つめのネットワークが、社会資源開発に最も有効であろう。仮に、ほかの方法で資源開発が行われたとしても、3つめのネットワークでの多様な主体による協議・協働が、問題解決のための社会資源を地域福祉が最も重視する社会参加のための資源として豊かな膨らみをもたらすであろう。そのためには、専門職だけでなく住民が参加したネットワークによる開発がすすめられることが肝要である。

専門職と住民との協働を促進するうえでの留意点は何か？

専門職が住民と協働する場合に最も重要な認識は、専門職は専門職業的使命をもって仕事として実践するのに対して、住民は当事者との共感や地域への愛着を動機として活動するという相互の違いへの認識である。また、実際の支援の場においては、極端にいえば専門職はその問題から距離をおくことも可能であるが、当事者、住民はその問題から逃げられないという認識が重要である。さらに、生活者としての住民は、分野別の専門職が気づいていない問題に気づいていることもある。また、それらの問題は各専門職と解決の優先順位が違う場合もある。住民は生活の全体性を担っており、生活の一部を担う専門職からはみえない問題を抱えているのである。また、住民は問題の発見と同時に、すでに解決に必要な資源を見つけていたり、関わっていることが多い。住民はそこで暮らしていない専門職が知らない、地域特有の自然な社会資源（natural community resources）を知っていることもある。

そのため、住民との協働に専門職はふたつの省察が求められる。ひとつは、地域というマルチステークホルダーに対する実践においては、援助専門職としての「支援」の立ち位置と「協働」する立ち位置が状

況に応じて変化するという認識理解である。さらに、住民に助けられる立場になる時もあろう。ふたつめは、この多様な立ち位置を認識するためには、専門職自身の生活者としての住民性や当事者性を絶えず省察しておくことが求められる。

　一方、住民も地域が衰退するなかで、生活者として次のことが期待される。それは、生活者論理のもとで各種の専門職を地域に巻き込む力の形成である。それはまた、多職種連携が最も有効に機能する場が生活の場での連携であるという、専門職間の共通認識の形成にもつながるのである。

《引用文献》
＊1　OECD（経済協力開発機構）「社会的孤立の状況」2005年
＊2　奥田知志「困窮者支援における伴走型支援とは」（埋橋孝文、同志社大学社会福祉教育・研究支援センター編『貧困と生活困窮者支援』）法律文化社、9～44頁、2018年

《参考文献》
①　藤井博志編著『地域福祉のはじめかた』ミネルヴァ書房、2019年

（藤井　博志）

5　新しい地域福祉計画と重層的支援体制整備事業

社会福祉法の改正で地域福祉計画はどう変わるのか？

　社会福祉法の、第107条（市町村地域福祉計画）、第108条（都道府県地域福祉支援計画）が2017（平成29）年に改正され、2018（平成30）年4月から施行されている。法律として大きなポイントは4点ある。

　（1）計画策定の努力義務化：すでに都道府県によっては市町村の策定率が100％のところが10県もあるのに対して、いまだに策定率が30％にとどまっている県もある（2019年3月末時点）。地域福祉推進に対して、都道府県や市町村行政に大きな地域間格差が生じている。そこで今回の改正では策定が努力義務化された。

　（2）地域福祉計画に「地域における高齢者の福祉、障害者の福祉、児童の福祉、その他の福祉の各分野における共通的な事項」を記載され、地域福祉計画は他の分野別計画の上位、あるいは基盤となる計画として位置づけられた。

　（3）第106条の3で規定された「包括的な支援体制の整備」について、地域福祉計画に位置づけられた。具体的には①「住民に身近な圏域」において、地域住民等が主体的に地域生活課題を把握し解決を試みることができる環境の整備（第1号）、②地域生活課題に関する相談を包括的に受け止める体制の整備（第2号）、③生活困窮者自立支援など多機関の協働による市町村における包括的な相談支援体制の構築（第3号）等を通じ、包括的な支援体制を整備していくことになった。

　（4）定期的に調査、分析、および評価を行い、必要があれば地域福

祉計画を変更、計画のPDCAを丁寧に行い、しっかりと進行管理していくことである。

　これらの内容については、2017（平成29）年12月に厚生労働大臣の指針とともに、地域福祉計画策定のガイドラインが告示されている。つまり、従来の地域福祉計画とは、位置づけや計画内容、策定方法等が異なっている。地域福祉活動計画の延長としてとらえられていた時代の地域福祉計画とは違う。市町村における包括的支援体制の構築が求められる計画になったのである。一方で、改めて地域福祉活動計画や社協の強化発展計画の位置づけを検討しておかなければならない。

　さらに、2020（令和2）年に成立した「地域共生社会の実現のための社会福祉法等の一部を改正する法律」では、地域福祉計画に盛り込む事項として「地域生活課題の解決に資する支援が包括的に提供される体制の整備に関する事項」が加わった。

地域福祉計画策定のガイドラインで求められる「地域づくり」とは？

　ガイドラインでは、「地域福祉計画に記載する各福祉分野に共通して取り組むべき事項の例」として、16項目が示されている。例えば福祉以外のさまざまな分野（まちおこし、産業、農林水産、土木、防犯・防災、社会教育、環境、交通、都市計画、多文化共生等）との連携に関する事項、居住対策、就労、自殺、虐待、権利擁護（成年後見制度）、再犯防止、地域づくりにおける官民協働の促進や地域福祉への関心の喚起を視野に入れた寄附や共同募金等の取り組みの推進、さらには地域づくりを進めるための圏域と、各福祉分野の圏域や福祉以外の分野の圏域との考え方・関係の整理といった内容にまで踏み込んでいる。

　第107条で示された高齢、障害、児童といった福祉分野の上位計画としてだけではなく、地域共生社会にむけた「地域づくり」の視点から、地域福祉計画によって総合化、統合化しようとする方向性を示し

ている。

　地方分権、地方再生、地域主権といった市町村の活性化を図る政策の背景にある、人口減少や少子高齢化が進展するなかで、地域福祉は大きなテーマになっている。地域づくりという視点から取り組むためには、より多くの関係者とのガバナンスが必要になる。

新しい地域福祉計画を策定していくために必要な「参加」とは?

　これまでの地域福祉計画は「住民参加」が強調されてきた。もちろん新地域福祉計画でも、自分たちの地域生活課題を自らが把握し、共有し、解決に向けて動き出すという住民自治を基本とした参加、参画が地域福祉の推進では重要である。また、長年積みあげてきた「住民主体」という原則は、地域福祉ガバナンスを構築していくうえでも基盤になる。

　しかし、それだけでは新地域福祉計画は策定できない。児童、若者、障害、高齢、あるいは保健、医療、司法、教育といった各分野の「専門職参加」が必要である。「0歳から100歳」の地域包括ケアや包括的支援体制を構築していくためには、多職種連携による計画策定が必要なのである。

　また施策としても庁内連携は不可欠で、そのために「職員参加」が必要である。保健福祉部局だけではなく、都市計画や産業振興、教育委員会といった広く地域づくりや生活支援に関わる職員の参加が必要になってくる。そうなると大変広い分野や部署から参加を募りながら、地域福祉計画を策定していくことになり、議論する事柄も多岐にわたる。市町村の総合的な社会福祉計画を策定するためには、この策定体制の整備は極めて重要である。

　この「住民参加」、「専門職参加」、「職員参加」という策定体制と策定プロセスが、その後の包括的支援体制につながっていくと考えられ

るので、むしろそれを意図して推進してみる必要がある。その時に大
切な考え方になるのが「地域福祉ガバナンス」である。

包括的支援体制と
重層的支援体制構築事業とは？

　2020年の第201回通常国会で成立した「地域共生社会の実現のため
の社会福祉法等の一部を改正する法律」では、包括的支援体制をより
具体的に推進するための事業として「重層的支援体制整備事業」（社
会福祉法第106条の4〜11）が示されている。

　この事業は、市町村において、地域住民の複合・複雑化した支援ニー
ズに対応する包括的な支援体制を構築するため、①断らない相談支援、
②参加支援、③地域づくりに向けた支援を一体的に実施する新たな事
業である。この新たな事業は実施を希望する市町村の手あげに基づく
任意事業であり、実施に要する費用に係る市町村の支弁の規定及び国
等による補助の規定が新設される。特徴的な点は、国の補助については、
新たな事業に係る一本の補助要綱に基づく申請等により、制度別に設
けられた各種支援の一体的な実施を促進することを目的としている。

　この事業の実施にあたっては、重層的支援体制整備事業実施計画を
策定することになるが、この計画は地域福祉計画をはじめ、介護保険
事業計画や障害福祉計画、子ども・子育て支援事業計画などとの調和
が必要とされている。またこの事業を推進するために、関係者による
「支援会議」を設置する。

　さらにこの事業では、市町村に対する交付金の交付方式が特徴的で
ある。国は政令で定めるところにより、市町村に対し、介護保険法、
障害者総合支援法、子ども・子育て支援法、生活困窮者自立支援法に
定められた当該事業に掲げる合算額を、一括して交付金として交付す
ることになる。

地域福祉計画、重層的支援体制整備事業実施計画における地域福祉ガバナンスとは？

　地域福祉計画が法定化されたのは、2000年の社会福祉法の制定のときである。2002年に示された「市町村地域福祉計画及び都道府県地域福祉支援計画策定指針の在り方について（一人ひとりの地域住民への訴え）」では、地域福祉の必要性と住民参加による地域福祉計画の策定が重視された。

　行政計画としての地域福祉計画に、住民参加が必須とされたことは、それまでの措置行政のときには考えられない、大きな転換であった。その背景には、社協が取り組んできた地域福祉活動計画の蓄積があった。

　その後、20年間のなかで、地域福祉計画の性格はさらに発展してきたといえる。先述した通り、社会福祉系の諸計画のみならず、広く地域づくりに関わる諸計画との整合性が求められる。また直近では、地域共生社会の理念にもとづき包括的支援体制を構築していくこと、とりわけ重層的支援体制整備事業という具体的な取り組みが求められるようになった。その際に求められるのは、事業の具体的な設計と合意形成である。さらに新規事業では予算枠まで検討する必要が生じる。まさに地域福祉ガバナンスが機能するか否かが、これからの市町村に求められていると言える。

（原田 正樹）

6 地域福祉ガバナンスと財源

地域福祉の財源の種類には
どのようなものがあるのか？

　民間団体の地域福祉活動の財源は、社会福祉事業や収益事業等の収支差、自治体等からの補助金、助成団体からの助成金、会費、寄付金等がある。

　各自治体単位に設置された地域福祉基金、ボランティア基金は、公費支出や地域の寄付金によるものだが、近年の金利の低下で、継続が困難となっているところが多い。

各活動組織の会費、寄付金は
相当額集まっているのか？

　会費については、組織によって差はあるが、収入の大きな割合を占めているという状況にはない。一般に福祉活動組織の会費は、その趣旨に賛同することを意志表示するためにあり、大きな金額にはならない。寄付金は、多額の寄付を継続的に行う個人、企業を獲得することは難しく、運営資金としての安定的な確保は難しい状況にある。

　それでも、近年はインターネットを通じた寄付募集が成果をあげているところも出てきている。

　寄付金のほかに、書き損じはがき、携帯電話やプリンターインクの金属など、現金化できるものの受け入れも行われている。バザーなどイベント募金も重要な財源である。

　このような状況のなか、助成団体の存在が重要となる。

民間財源のなかで共同募金の果たす役割は？

　共同募金は「地域福祉の推進を図るため、その寄附金をその区域内において社会福祉事業、更生保護事業その他の社会福祉を目的とする事業を経営する者（国及び地方公共団体を除く。）に配分することを目的とするものをいう」（社会福祉法第112条より抜粋）とされた社会福祉事業である。共同募金会は広く地域福祉を推進するために、資金を必要とする民間団体に助成を行い、またそのための募金を行う組織で、都道府県単位に組織されている。それぞれの募金は市区町村単位で行われており、各市区町村単位に共同募金委員会を設置し実施している。そのおおむね3〜4割程度が都道府県単位の広域で、6〜7割程度が市区町村単位で助成されることとなる。

　共同募金の募金の種類別割合は2018年度実績で、戸別募金71.1%、街頭募金2.1%、法人募金12.4%、職域募金5.0%、学校募金2.0%である。7割を占める戸別募金は、自治会等の地縁団体を中心に集めることから、地縁型の福祉活動に助成される割合が高くなる傾向があり、公募制を取り入れることで、NPO法人など比較的新しい活動に助成するような取り組みを広げることが要請されている。市区町村域の関係者全体で募金、助成を実行する仕組みとすることが求められる。

　近年はテーマ型募金として、当該市区町村でテーマを定め（例えば、雪かき対応、子どもの居場所づくりなど）、寄付を募る方式も広がっている。

助成団体の助成は、どのような状況か？

　市区町村、都道府県、全国とさまざまな圏域で助成団体は活動している。一般的な傾向としては、圏域が広くなるにつれ助成規模が大き

くなり、活動の先駆性も重視するようになるが、例えば、少額の機材
整備に助成を行う全国団体もあり、一概にはいえない。

　その寄付財源は、特定企業からの寄付によるところ、社員募金によるところ、広く寄付を募集しているところ（個人、会社等）など、さまざまである。

公費と民間財源は、どのような関係にあるのか？

　地域福祉は「地域住民、社会福祉を目的とする事業を経営する者及び社会福祉に関する活動を行う者」（社会福祉法第4条より抜粋）が主体的にすすめるものであり、その財源は、民間自らの調達によるべきとの考え方もある。しかし、社会福祉法（第106条の3）では、市町村に対し「地域生活課題の解決に資する支援が包括的に提供される体制を整備するよう努めるものとする」として、①活動への地域住民の参加を促進、②地域住民等の交流拠点の整備、③地域住民等に対する研修の実施、④その他の地域住民等が地域福祉を推進するために必要な環境や、地域住民等による地域住民に対する相談、情報提供、助言を行い、必要に応じて、支援関係機関に協力を求められる体制の整備を求めている。すなわち、住民主体の事業・活動の基盤整備は自治体に責任があることを明確にしている（努力義務）。

　また、社会福祉の発展の歴史において、制度で対応できないニーズに先駆者が取り組み、それが、やがて制度になり、公費支出が行われてきたことを踏まえると、公費が民間財源に代わっていくものと考える必要がある。ただし、このことは、公費でまかなうことが基本、という意味ではない。

　地域福祉は、社会福祉事業制度外（あるいは社会福祉事業であっても、法令で定められていること以外）の支援であり、実施者の自発性・主体性によるものである。支援の相手も内容も、実施者自ら決めるも

のである。そういう意味では、法令に縛られない活動を行うため、あえて委託費や補助金を受けないという判断もあり得るのである。

　国の制度に基づく公費のなかにも、地域福祉の財源としてふさわしいものがある。その典型は、介護保険制度の総合事業である。予防給付のうち、訪問介護と通所介護を「市町村が中心となって、地域の実情に応じて、住民等の多様な主体が参画し、多様なサービスを充実する」[*1]として、労働者により提供される緩和基準によるサービス（サービスA）、住民主体による支援（サービスB）等に移行させる（2015〈平成27〉年から3年間かけて移行）ことを提案し、さらにサービスAについても「可能な限り住民主体の支援に移行していくことを検討することが重要である」とするものである。

　サービスBへの補助等については、単価設定の考え方を示しつつも「必ずしも市町村において要支援者等個々人に対する個別のサービス単価を設定するものではないことが多いと考えられる」[*2]とし、「住民主体の支援の場合には、補助（助成）の方法で事業実施することが通常考えられるが、当該補助（助成）の対象や額等については、立ち上げ支援や、活動場所の借り上げ費用、間接経費（光熱水費、サービスの利用調整等を行う人件費等）等、様々な経費を、市町村がその裁量により対象とすることも可能とする。運営費の一部を補助するものであるが、例えば年定額での補助といったことも考えられる」[*3]とし、サービスの対価ではない、運営費の一部補助の考え方が示されており、地域福祉活動への補助になじみやすい仕組みとなっている。

　しかし、実際には、自治体が従来のサービスの代替という意識から抜けきらず、ボランティアに対してさまざまな注文をつけたり、また、ケアマネジャーも、サービス資源のひとつとして利用している、といった傾向が見られる。

　住民の主体的な活動を尊重し、それを活かす視点が、この総合事業を地域福祉活動に活かすには欠かせない。

地域福祉の諸活動に対する
安定的・計画的な助成の考え方は？

　安定的・計画的な助成（資金供給）をするには、次にあげるような視点が重要である。

①福祉ニーズは多様化し、新たなニーズが発生し、それに機敏に対応する活動が求められている。社会的インパクトを与えるような活動への助成が重要である。しかし一方で、要援助者の日常生活を支える基礎的・継続的な活動も重要である。

②制度外の活動は、実施者の自主性、主体性に基づくものであるので、財源の確保も、周囲の理解を得ながら、自ら実施することが重要である。しかし、その理解を得るのも、寄付を得るのも容易なことではない。助成金により活動を飛躍させる仕組みが必要である。

③地域福祉活動に充てられる公費は、サービスに対する対価ではないので、奨励補助的な性格をもち、また、基盤整備など一部補助となる。しかし近年の財政難から「民間資金があるなら、できるだけ民間資金で」と、自治体が消極的な姿勢が目立つ。民間活動に公費を支出する意味を確認し、積極的な対応を促す必要がある。

④寄付については、寄付者や助成団体の意向にそうことも重要である。

　これらの視点に基づく作業は難しいが、公費との分担や助成先や助成額の検討を十分に行うことが必要となる。地域福祉計画、地域福祉活動計画において検討することが適切であろう。ただし、実際に寄付募集や助成についての検討を機能させるためには、各計画の策定委員会に進行管理の機能をもたせ（あるいは別途委員会を設け）、年1回以上は検討する機会をもつ必要がある。

　なお、そもそも先駆的な活動は、地域の理解を得るまでに時間がかかることが多い。ここに全国段階の寄付募集、助成団体が必要とされるゆえんがある。

地域公益活動の財源は、社会福祉法人の自己努力によるのか？

　地域公益活動は、社会福祉充実残額がある場合に、その支出対象となる地域公益事業（社会福祉法第55条の2）のことと混同されることも多いが、充実残額の有無にかかわらずその実施が社会福祉法人の責務とされているものである。このことは結果として、充実残額を持たない場合に、費用がかからない事業を行うか、あるいは寄付金や公費以外の助成金を確保し、事業を実施することを求めていることになる。つまり、法人が、実施したい地域公益活動に寄付を募集する、あるいは助成を求めて実施することは、社会福祉法人として正当なはたらきと考えられる。

《引用文献》
*1　厚生労働省「介護予防・日常生活支援総合事業ガイドライン」平成29年4月、3頁
*2　同上、111頁
*3　同上、99頁

（渋谷 篤男）

【参考資料】

社会福祉法（昭和26年法律第45号）抜粋

令和2年6月5日成立、令和3年4月1日施行

（地域福祉の推進）

第4条　地域福祉の推進は、地域住民が相互に人格と個性を尊重し合いながら、参加し、共生する地域社会の実現を目指して行われなければならない。

2　地域住民、社会福祉を目的とする事業を経営する者及び社会福祉に関する活動を行う者（以下「地域住民等」という。）は、相互に協力し、福祉サービスを必要とする地域住民が地域社会を構成する一員として日常生活を営み、社会、経済、文化その他あらゆる分野の活動に参加する機会が確保されるように、地域福祉の推進に努めなければならない。

3　地域住民等は、地域福祉の推進に当たつては、福祉サービスを必要とする地域住民及びその世帯が抱える福祉、介護、介護予防（要介護状態若しくは要支援状態となることの予防又は要介護状態若しくは要支援状態の軽減若しくは悪化の防止をいう。）、保健医療、住まい、就労及び教育に関する課題、福祉サービスを必要とする地域住民の地域社会からの孤立その他の福祉サービスを必要とする地域住民が日常生活を営み、あらゆる分野の活動に参加する機会が確保される上での各般の課題（以下「地域生活課題」という。）を把握し、地域生活課題の解決に資する支援を行う関係機関（以下「支援関係機関」という。）との連携等によりその解決を図るよう特に留意するものとする。

（福祉サービスの提供体制の確保等に関する国及び地方公共団体の責務）

第6条　国及び地方公共団体は、社会福祉を目的とする事業を経営する者と協力して、社会福祉を目的とする事業の広範かつ計画的な実

施が図られるよう、福祉サービスを提供する体制の確保に関する施策、福祉サービスの適切な利用の推進に関する施策その他の必要な各般の措置を講じなければならない。

2　国及び地方公共団体は、地域生活課題の解決に資する支援が包括的に提供される体制の整備その他地域福祉の推進のために必要な各般の措置を講ずるよう努めるとともに、当該措置の推進に当たつては、保健医療、労働、教育、住まい及び地域再生に関する施策その他の関連施策との連携に配慮するよう努めなければならない。

3　国及び都道府県は、市町村（特別区を含む。以下同じ。）において第106条の4第2項に規定する重層的支援体制整備事業その他地域生活課題の解決に資する支援が包括的に提供される体制の整備が適正かつ円滑に行われるよう、必要な助言、情報の提供その他の援助を行わなければならない。

（地域子育て支援拠点事業等を経営する者の責務）

第106条の2　社会福祉を目的とする事業を経営する者のうち、次に掲げる事業を行うもの（市町村の委託を受けてこれらの事業を行う者を含む。）は、当該事業を行うに当たり自らがその解決に資する支援を行うことが困難な地域生活課題を把握したときは、当該地域生活課題を抱える地域住民の心身の状況、その置かれている環境その他の事情を勘案し、支援関係機関による支援の必要性を検討するよう努めるとともに、必要があると認めるときは、支援関係機関に対し、当該地域生活課題の解決に資する支援を求めるよう努めなければならない。

一　児童福祉法第6条の3第6項に規定する地域子育て支援拠点事業又は同法第10条の2に規定する拠点において同条に規定する支援を行う事業

二　母子保健法（昭和40年法律第141号）第22条第2項に規定する母子健康包括支援センターを経営する事業

　　三　介護保険法第115条の45第2項第一号に掲げる事業

　　四　障害者の日常生活及び社会生活を総合的に支援するための法律
　　　　第77条第1項第三号に掲げる事業

　　五　子ども・子育て支援法（平成24年法律第65号）第59条第一号
　　　　に掲げる事業

（包括的な支援体制の整備）

第106条の3　市町村は、次条第2項に規定する重層的支援体制整備
　　事業をはじめとする地域の実情に応じた次に掲げる施策の積極的な
　　実施その他の各般の措置を通じ、地域住民等及び支援関係機関によ
　　る、地域福祉の推進のための相互の協力が円滑に行われ、地域生活
　　課題の解決に資する支援が包括的に提供される体制を整備するよう
　　努めるものとする。

　　一　地域福祉に関する活動への地域住民の参加を促す活動を行う者
　　　　に対する支援、地域住民等が相互に交流を図ることができる拠点
　　　　の整備、地域住民等に対する研修の実施その他の地域住民等が地
　　　　域福祉を推進するために必要な環境の整備に関する施策

　　二　地域住民等が自ら他の地域住民が抱える地域生活課題に関する
　　　　相談に応じ、必要な情報の提供及び助言を行い、必要に応じて、
　　　　支援関係機関に対し、協力を求めることができる体制の整備に関
　　　　する施策

　　三　生活困窮者自立支援法第3条第2項に規定する生活困窮者自立
　　　　相談支援事業を行う者その他の支援関係機関が、地域生活課題を
　　　　解決するために、相互の有機的な連携の下、その解決に資する支
　　　　援を一体的かつ計画的に行う体制の整備に関する施策

　2　厚生労働大臣は、次条第2項に規定する重層的支援体制整備事業
　　をはじめとする前項各号に掲げる施策に関して、その適切かつ有効
　　な実施を図るため必要な指針を公表するものとする。

（重層的支援体制整備事業）

第106条の4　市町村は、地域生活課題の解決に資する包括的な支援体制を整備するため、前条第1項各号に掲げる施策として、厚生労働省令で定めるところにより、重層的支援体制整備事業を行うことができる。

2　前項の「重層的支援体制整備事業」とは、次に掲げるこの法律に基づく事業及び他の法律に基づく事業を一体のものとして実施することにより、地域生活課題を抱える地域住民及びその世帯に対する支援体制並びに地域住民等による地域福祉の推進のために必要な環境を一体的かつ重層的に整備する事業をいう。

　一　地域生活課題を抱える地域住民及びその家族その他の関係者からの相談に包括的に応じ、利用可能な福祉サービスに関する情報の提供及び助言、支援関係機関との連絡調整並びに高齢者、障害者等に対する虐待の防止及びその早期発見のための援助その他厚生労働省令で定める便宜の提供を行うため、次に掲げる全ての事業を一体的に行う事業

　　イ　介護保険法第115条の45第2項第一号から第三号までに掲げる事業

　　ロ　障害者の日常生活及び社会生活を総合的に支援するための法律第77条第1項第三号に掲げる事業

　　ハ　子ども・子育て支援法第59条第一号に掲げる事業

　　ニ　生活困窮者自立支援法第3条第2項各号に掲げる事業

　二　地域生活課題を抱える地域住民であつて、社会生活を円滑に営む上での困難を有するものに対し、支援関係機関と民間団体との連携による支援体制の下、活動の機会の提供、訪問による必要な情報の提供及び助言その他の社会参加のために必要な便宜の提供として厚生労働省令で定めるものを行う事業

　三　地域住民が地域において自立した日常生活を営み、地域社会に参加する機会を確保するための支援並びに地域生活課題の発生の防止又は解決に係る体制の整備及び地域住民相互の交流を行う拠

点の開設その他厚生労働省令で定める援助を行うため、次に掲げる全ての事業を一体的に行う事業

イ　介護保険法第105条の45第1項第二号に掲げる事業のうち厚生労働大臣が定めるもの

ロ　介護保険法第105条の45第2項第五号に掲げる事業

ハ　障害者の日常生活及び社会生活を総合的に支援するための法律第77条第1項第九号に掲げる事業

ニ　子ども・子育て支援法第59条第九号に掲げる事業

四　地域社会からの孤立が長期にわたる者その他の継続的な支援を必要とする地域住民及びその世帯に対し、訪問により状況を把握した上で相談に応じ、利用可能な福祉サービスに関する情報の提供及び助言その他の厚生労働省令で定める便宜の提供を包括的かつ継続的に行う事業

五　複数の支援関係機関相互間の連携による支援を必要とする地域住民及びその世帯に対し、複数の支援関係機関が、当該地域住民及びその世帯が抱える地域生活課題を解決するために、相互の有機的な連携の下、その解決に資する支援を一体的かつ計画的に行う体制を整備する事業

六　前号に掲げる事業による支援が必要であると市町村が認める地域住民に対し、当該地域住民に対する支援の種類及び内容その他の厚生労働省令で定める事項を記載した計画の作成その他の包括的かつ計画的な支援として厚生労働省令で定めるものを行う事業

3　市町村は、重層的支援体制整備事業（前項に規定する重層的支援体制整備事業をいう。以下同じ。）を実施するに当たつては、母子保健法第22条第2項に規定する母子健康包括支援センター、介護保険法第115条の46第1項に規定する地域包括支援センター、障害者の日常生活及び社会生活を総合的に支援するための法律第77条の2第1項に規定する基幹相談支援センター、生活困窮者自立支援法第3条第2項各号に掲げる事業を行う者その他の支援関係機関相互間

の緊密な連携が図られるよう努めるものとする。

4　市町村は、第2項各号に掲げる事業の一体的な実施が確保されるよう必要な措置を講じた上で、重層的支援体制整備事業の事務の全部又は一部を当該市町村以外の厚生労働省令で定める者に委託することができる。

5　前項の規定による委託を受けた者若しくはその役員若しくは職員又はこれらの者であつた者は、正当な理由がないのに、その委託を受けた事務に関して知り得た秘密を漏らしてはならない。

（重層的支援体制整備事業実施計画）

第106条の5　市町村は、重層的支援体制整備事業を実施するときは、第106条の3第2項の指針に則して、重層的支援体制整備事業を適切かつ効果的に実施するため、重層的支援体制整備事業の提供体制に関する事項その他厚生労働省令で定める事項を定める計画（以下この条において「重層的支援体制整備事業実施計画」という。）を策定するよう努めるものとする。

2　市町村は、重層的支援体制整備事業実施計画を策定し、又はこれを変更するときは、地域住民、支援関係機関その他の関係者の意見を適切に反映するよう努めるものとする。

3　重層的支援体制整備事業実施計画は、第107条第1項に規定する市町村地域福祉計画、介護保険法第117条第1項に規定する市町村介護保険事業計画、障害者の日常生活及び社会生活を総合的に支援するための法律第88条第1項に規定する市町村障害福祉計画、子ども・子育て支援法第61条第1項に規定する市町村子ども・子育て支援事業計画その他の法律の規定による計画であつて地域福祉の推進に関する事項を定めるものと調和が保たれたものでなければならない。

4　市町村は、重層的支援体制整備事業実施計画を策定し、又はこれを変更したときは、遅滞なく、これを公表するよう努めるものとする。

5　前各項に定めるもののほか、重層的支援体制整備事業実施計画の

策定及び変更に関し必要な事項は、厚生労働省令で定める。

（支援会議）

第106条の6　市町村は、支援関係機関、第106条の4第4項の規定による委託を受けた者、地域生活課題を抱える地域住民に対する支援に従事する者その他の関係者（第3項及び第4項において「支援関係機関等」という。）により構成される会議（以下この条において「支援会議」という。）を組織することができる。

2　支援会議は、重層的支援体制整備事業の円滑な実施を図るために必要な情報の交換を行うとともに、地域住民が地域において日常生活及び社会生活を営むのに必要な支援体制に関する検討を行うものとする。

3　支援会議は、前項に規定する情報の交換及び検討を行うために必要があると認めるときは、支援関係機関等に対し、地域生活課題を抱える地域住民及びその世帯に関する資料又は情報の提供、意見の開陳その他必要な協力を求めることができる。

4　支援関係機関等は、前項の規定による求めがあつた場合には、これに協力するよう努めるものとする。

5　支援会議の事務に従事する者又は従事していた者は、正当な理由がないのに、支援会議の事務に関して知り得た秘密を漏らしてはならない。

6　前各項に定めるもののほか、支援会議の組織及び運営に関し必要な事項は、支援会議が定める。

（市町村の支弁）

第106条の7　重層的支援体制整備事業の実施に要する費用は、市町村の支弁とする。

（市町村に対する交付金の交付）

第106条の8　国は、政令で定めるところにより、市町村に対し、次

に掲げる額を合算した額を交付金として交付する。

一　前条の規定により市町村が支弁する費用のうち、重層的支援体制整備事業として行う第106条の4第2項第三号イに掲げる事業に要する費用として政令で定めるところにより算定した額の百分の二十に相当する額

二　前条の規定により市町村が支弁する費用のうち、重層的支援体制整備事業として行う第106条の4第2項第三号イに掲げる事業に要する費用として政令で定めるところにより算定した額を基礎として、介護保険法第9条第一号に規定する第一号被保険者（以下この号において「第一号被保険者」という。）の年齢階級別の分布状況、第一号被保険者の所得の分布状況等を考慮して、政令で定めるところにより算定した額

三　前条の規定により市町村が支弁する費用のうち、重層的支援体制整備事業として行う第106条の4第2項第一号イ及び第三号ロに掲げる事業に要する費用として政令で定めるところにより算定した額に、介護保険法第125条第2項に規定する第二号被保険者負担率（第106条の10第二号において「第二号被保険者負担率」という。）に百分の五十を加えた率を乗じて得た額（次条第二号において「特定地域支援事業支援額」という。）の百分の五十に相当する額

四　前条の規定により市町村が支弁する費用のうち、重層的支援体制整備事業として行う第106条の4第2項第一号ニに掲げる事業に要する費用として政令で定めるところにより算定した額の四分の三に相当する額

五　前条の規定により市町村が支弁する費用のうち、第一号及び前二号に規定する事業以外の事業に要する費用として政令で定めるところにより算定した額の一部に相当する額として予算の範囲内で交付する額

第106条の9　都道府県は、政令で定めるところにより、市町村に対し、

次に掲げる額を合算した額を交付金として交付する。

一　前条第一号に規定する政令で定めるところにより算定した額の
百分の十二・五に相当する額

二　特定地域支援事業支援額の百分の二十五に相当する額

三　第106条の7の規定により市町村が支弁する費用のうち、前条
第一号及び第三号に規定する事業以外の事業に要する費用として
政令で定めるところにより算定した額の一部に相当する額として
当該都道府県の予算の範囲内で交付する額

（市町村の一般会計への繰入れ）

第106条の10　市町村は、当該市町村について次に定めるところによ
り算定した額の合計額を、政令で定めるところにより、介護保険法
第3条第2項の介護保険に関する特別会計から一般会計に繰り入れ
なければならない。

一　第106条の8第一号に規定する政令で定めるところにより算定
した額の百分の五十五に相当する額から同条第二号の規定により
算定した額を控除した額

二　第106条の8第三号に規定する政令で定めるところにより算定
した額に百分の五十から第二号被保険者負担率を控除して得た率
を乗じて得た額に相当する額

（重層的支援体制整備事業と介護保険法等との調整）

第106条の11　市町村が重層的支援体制整備事業を実施する場合にお
ける介護保険法第122条の2（第3項を除く。）並びに第123条第3項
及び第4項の規定の適用については、同法第122条の2第1項中「費用」
とあるのは「費用（社会福祉法第106条の4第2項に規定する重層的
支援体制整備事業（以下「重層的支援体制整備事業」という。）とし
て行う同項第三号イに掲げる事業に要する費用を除く。次項及び第
123条第3項において同じ。）」と、同条第4項中「費用」とあるのは「費

用（重層的支援体制整備事業として行う社会福祉法第106条の4第2項第一号イ及び第三号ロに掲げる事業に要する費用を除く。）」とする。

2　市町村が重層的支援体制整備事業を実施する場合における障害者の日常生活及び社会生活を総合的に支援するための法律第92条の規定の適用については、同条第六号中「費用」とあるのは、「費用（社会福祉法第106条の4第2項に規定する重層的支援体制整備事業として行う同項第一号ロ及び第三号ハに掲げる事業に要する費用を除く。）」とする。

3　市町村が重層的支援体制整備事業を実施する場合における子ども・子育て支援法第65条の規定の適用については、同条第六号中「費用」とあるのは、「費用（社会福祉法第106条の4第2項に規定する重層的支援体制整備事業として行う同項第一号ハ及び第三号ニに掲げる事業に要する費用を除く。）」とする。

4　市町村が重層的支援体制整備事業を実施する場合における生活困窮者自立支援法第12条、第14条及び第15条第1項の規定の適用については、同法第12条第一号中「費用」とあるのは「費用（社会福祉法第106条の4第2項に規定する重層的支援体制整備事業（以下「重層的支援体制整備事業」という。）として行う同項第一号ニに掲げる事業の実施に要する費用を除く。）」と、同法第14条中「費用」とあるのは「費用（重層的支援体制整備事業として行う事業の実施に要する費用を除く。）」と、同法第15条第1項第一号中「額」とあるのは「額（重層的支援体制整備事業として行う社会福祉法第106条の4第2項第一号ニに掲げる事業に要する費用として政令で定めるところにより算定した額を除く。）」とする。

（市町村地域福祉計画）

第107条　市町村は、地域福祉の推進に関する事項として次に掲げる事項を一体的に定める計画（以下「市町村地域福祉計画」という。）を策定するよう努めるものとする。

　　一　地域における高齢者の福祉、障害者の福祉、児童の福祉その他
　　　の福祉に関し、共通して取り組むべき事項

　　二　地域における福祉サービスの適切な利用の推進に関する事項

　　三　地域における社会福祉を目的とする事業の健全な発達に関する
　　　事項

　　四　地域福祉に関する活動への住民の参加の促進に関する事項

　　五　地域生活課題の解決に資する支援が包括的に提供される体制の
　　　整備に関する事項

2　市町村は、市町村地域福祉計画を策定し、又は変更しようとする
　ときは、あらかじめ、地域住民等の意見を反映させるよう努めると
　ともに、その内容を公表するよう努めるものとする。

3　市町村は、定期的に、その策定した市町村地域福祉計画について、
　調査、分析及び評価を行うよう努めるとともに、必要があると認め
　るときは、当該市町村地域福祉計画を変更するものとする。

（都道府県地域福祉支援計画）

第108条　都道府県は、市町村地域福祉計画の達成に資するために、
　各市町村を通ずる広域的な見地から、市町村の地域福祉の支援に関
　する事項として次に掲げる事項を一体的に定める計画（以下「都道
　府県地域福祉支援計画」という。）を策定するよう努めるものとする。

　　一　地域における高齢者の福祉、障害者の福祉、児童の福祉その他
　　　の福祉に関し、共通して取り組むべき事項

　　二　市町村の地域福祉の推進を支援するための基本的方針に関する
　　　事項

　　三　社会福祉を目的とする事業に従事する者の確保又は資質の向上
　　　に関する事項

　　四　福祉サービスの適切な利用の推進及び社会福祉を目的とする事
　　　業の健全な発達のための基盤整備に関する事項

　　五　市町村による地域生活課題の解決に資する支援が包括的に提供

　　される体制の整備の実施の支援に関する事項

2　都道府県は、都道府県地域福祉支援計画を策定し、又は変更しようとするときは、あらかじめ、公聴会の開催等住民その他の者の意見を反映させるよう努めるとともに、その内容を公表するよう努めるものとする。

3　都道府県は、定期的に、その策定した都道府県地域福祉支援計画について、調査、分析及び評価を行うよう努めるとともに、必要があると認めるときは、当該都道府県地域福祉支援計画を変更するものとする。

（市町村社会福祉協議会及び地区社会福祉協議会）

第109条　市町村社会福祉協議会は、一又は同一都道府県内の二以上の市町村の区域内において次に掲げる事業を行うことにより地域福祉の推進を図ることを目的とする団体であつて、その区域内における社会福祉を目的とする事業を経営する者及び社会福祉に関する活動を行う者が参加し、かつ、指定都市にあつてはその区域内における地区社会福祉協議会の過半数及び社会福祉事業又は更生保護事業を経営する者の過半数が、指定都市以外の市及び町村にあつてはその区域内における社会福祉事業又は更生保護事業を経営する者の過半数が参加するものとする。

一　社会福祉を目的とする事業の企画及び実施

二　社会福祉に関する活動への住民の参加のための援助

三　社会福祉を目的とする事業に関する調査、普及、宣伝、連絡、調整及び助成

四　前三号に掲げる事業のほか、社会福祉を目的とする事業の健全な発達を図るために必要な事業

2　地区社会福祉協議会は、一又は二以上の区（地方自治法第252条の20に規定する区及び同法第252条の20の2に規定する総合区をいう。）の区域内において前項各号に掲げる事業を行うことにより地

域福祉の推進を図ることを目的とする団体であつて、その区域内における社会福祉を目的とする事業を経営する者及び社会福祉に関する活動を行う者が参加し、かつ、その区域内において社会福祉事業又は更生保護事業を経営する者の過半数が参加するものとする。

3　市町村社会福祉協議会のうち、指定都市の区域を単位とするものは、第1項各号に掲げる事業のほか、その区域内における地区社会福祉協議会の相互の連絡及び事業の調整の事業を行うものとする。

4　市町村社会福祉協議会及び地区社会福祉協議会は、広域的に事業を実施することにより効果的な運営が見込まれる場合には、その区域を越えて第1項各号に掲げる事業を実施することができる。

5　関係行政庁の職員は、市町村社会福祉協議会及び地区社会福祉協議会の役員となることができる。ただし、役員の総数の五分の一を超えてはならない。

6　市町村社会福祉協議会及び地区社会福祉協議会は、社会福祉を目的とする事業を経営する者又は社会福祉に関する活動を行う者から参加の申出があつたときは、正当な理由がないのにこれを拒んではならない。

（都道府県社会福祉協議会）

第110条　都道府県社会福祉協議会は、都道府県の区域内において次に掲げる事業を行うことにより地域福祉の推進を図ることを目的とする団体であつて、その区域内における市町村社会福祉協議会の過半数及び社会福祉事業又は更生保護事業を経営する者の過半数が参加するものとする。

　一　前条第1項各号に掲げる事業であつて各市町村を通ずる広域的な見地から行うことが適切なもの

　二　社会福祉を目的とする事業に従事する者の養成及び研修

　三　社会福祉を目的とする事業の経営に関する指導及び助言

　四　市町村社会福祉協議会の相互の連絡及び事業の調整

2　前条第5項及び第6項の規定は、都道府県社会福祉協議会について準用する。

(社会福祉協議会連合会)

第111条　都道府県社会福祉協議会は、相互の連絡及び事業の調整を行うため、全国を単位として、社会福祉協議会連合会を設立することができる。

2　第109条第5項の規定は、社会福祉協議会連合会について準用する。

(共同募金)

第112条　この法律において「共同募金」とは、都道府県の区域を単位として、毎年一回、厚生労働大臣の定める期間内に限つてあまねく行う寄附金の募集であつて、その区域内における地域福祉の推進を図るため、その寄附金をその区域内において社会福祉事業、更生保護事業その他の社会福祉を目的とする事業を経営する者(国及び地方公共団体を除く。以下この節において同じ。)に配分することを目的とするものをいう。

(共同募金会)

第113条　共同募金を行う事業は、第2条の規定にかかわらず、第一種社会福祉事業とする。

2　共同募金事業を行うことを目的として設立される社会福祉法人を共同募金会と称する。

3　共同募金会以外の者は、共同募金事業を行つてはならない。

4　共同募金会及びその連合会以外の者は、その名称中に、「共同募金会」又はこれと紛らわしい文字を用いてはならない。

(共同募金会の認可)

第114条　第30条第1項の所轄庁は、共同募金会の設立の認可に当た

つては、第32条に規定する事項のほか、次に掲げる事項をも審査しなければならない。

一　当該共同募金の区域内に都道府県社会福祉協議会が存すること。

二　特定人の意思によつて事業の経営が左右されるおそれがないものであること。

三　当該共同募金の配分を受ける者が役員、評議員又は配分委員会の委員に含まれないこと。

四　役員、評議員又は配分委員会の委員が、当該共同募金の区域内における民意を公正に代表するものであること。

（配分委員会）

第115条　寄附金の公正な配分に資するため、共同募金会に配分委員会を置く。

2　第40条第1項各号のいずれかに該当する者は、配分委員会の委員となることができない。

3　共同募金会の役員は、配分委員会の委員となることができる。ただし、委員の総数の三分の一を超えてはならない。

4　この節に規定するもののほか、配分委員会に関し必要な事項は、政令で定める。

（共同募金の性格）

第116条　共同募金は、寄附者の自発的な協力を基礎とするものでなければならない。

（共同募金の配分）

第117条　共同募金は、社会福祉を目的とする事業を経営する者以外の者に配分してはならない。

2　共同募金会は、寄附金の配分を行うに当たつては、配分委員会の承認を得なければならない。

3　共同募金会は、第112条に規定する期間が満了した日の属する会計
　年度の翌年度の末日までに、その寄附金を配分しなければならない。

4　国及び地方公共団体は、寄附金の配分について干渉してはならない。

（準備金）

第118条　共同募金会は、前条第3項の規定にかかわらず、災害救助
　法（昭和22年法律第118号）第2条に規定する災害の発生その他厚
　生労働省令で定める特別の事情がある場合に備えるため、共同募金
　の寄附金の額に厚生労働省令で定める割合を乗じて得た額を限度と
　して、準備金を積み立てることができる。

2　共同募金会は、前項の災害の発生その他特別の事情があつた場合
　には、第112条の規定にかかわらず、当該共同募金会が行う共同募
　金の区域以外の区域において社会福祉を目的とする事業を経営する
　者に配分することを目的として、拠出の趣旨を定め、同項の準備金
　の全部又は一部を他の共同募金会に拠出することができる。

3　前項の規定による拠出を受けた共同募金会は、拠出された金額を、
　同項の拠出の趣旨に従い、当該共同募金会の区域において社会福祉
　を目的とする事業を経営する者に配分しなければならない。

4　共同募金会は、第1項に規定する準備金の積立て、第2項に規定
　する準備金の拠出及び前項の規定に基づく配分を行うに当たつては、
　配分委員会の承認を得なければならない。

（計画の公告）

第119条　共同募金会は、共同募金を行うには、あらかじめ、都道府
　県社会福祉協議会の意見を聴き、及び配分委員会の承認を得て、共
　同募金の目標額、受配者の範囲及び配分の方法を定め、これを公告
　しなければならない。

（結果の公告）

第120条　共同募金会は、寄附金の配分を終了したときは、一月以内に、募金の総額、配分を受けた者の氏名又は名称及び配分した額並びに第118条第1項の規定により新たに積み立てられた準備金の額及び準備金の総額を公告しなければならない。

2　共同募金会は、第118条第2項の規定により準備金を拠出した場合には、速やかに、同項の拠出の趣旨、拠出先の共同募金会及び拠出した額を公告しなければならない。

3　共同募金会は、第118条第3項の規定により配分を行つた場合には、配分を終了した後三月以内に、拠出を受けた総額及び拠出された金額の配分を受けた者の氏名又は名称を公告するとともに、当該拠出を行つた共同募金会に対し、拠出された金額の配分を受けた者の氏名又は名称を通知しなければならない。

（共同募金会に対する解散命令）

第121条　第30条第1項の所轄庁は、共同募金会については、第56条第8項の事由が生じた場合のほか、第114条各号に規定する基準に適合しないと認められるに至つた場合においても、解散を命ずることができる。ただし、他の方法により監督の目的を達することができない場合に限る。

（受配者の寄附金募集の禁止）

第122条　共同募金の配分を受けた者は、その配分を受けた後一年間は、その事業の経営に必要な資金を得るために寄附金を募集してはならない。

（共同募金会連合会）

第124条　共同募金会は、相互の連絡及び事業の調整を行うため、全国を単位として、共同募金会連合会を設立することができる。

『地域福祉ガバナンスをつくる』コンテンツ一覧

第I章　地域共生社会と地域福祉ガバナンス

1　地域福祉ガバナンス

・「地域福祉ガバナンス」とは何か？

・地域福祉ガバナンスの特徴は何か？

・地域福祉ガバナンスが求められた社会背景は何か？

・地域共生社会と地域福祉ガバナンスの関連は？

2　地域ガバナンスの視点

・「協働」の考え方とは？

・包括的支援体制の構築にガバナンスが必要な理由とは？

・地域福祉ガバナンスにおける地縁組織とテーマ型組織の役割とは？

・地域福祉ガバナンスと「共同運営」の視点とは？

3　地域福祉ガバナンスと共同運営

・共同運営者とは誰か？

・すべての人々・組織が参加することが大切な理由は？

・異なった立場の人の意見をまとめることはできるのか？

・なぜ商店、企業、学校など福祉関係以外の組織の参加が必要なのか？

・共同運営者である自治体の地域福祉推進に関する責任は？

第II章　住民自治と地域福祉ガバナンス

1　住民主体の今日的意義

・地域福祉における「住民主体」とはどういう意味か？

・地域福祉における「住民」とは誰か？

・地域福祉における住民主体の今日的意義は何か？

・住民主体の福祉のまちづくりをすすめる条件整備はどのようなも

のか？

2 「単身化社会」のもとで福祉的な住民自治をつくる

　・単身化社会は地域づくりにどのように影響するのか？

　・身近な地域福祉活動を担う組織はどのような組織か？

　・企業や個人事業者などが地域参加する動機に変化はあるのか？

　・ガバナンスの観点から地域で協同する意義とは何か？

　・地域づくりと地域福祉の組織の共通点と相違点は何か？

　・活動を活発にする組織の要件は何か？

　・福祉的な自治形成支援の専門性はどのように担保するか？

　・暮らしの基盤をつくるとはどういうことか？

　・社会福祉における社会資源開発は暮らしの基盤づくりに有効か？

　・地域福祉ガバナンスとしての暮らしの基盤づくりとは？

　・地域福祉ガバナンスとしての共助とは？

3 地域福祉におけるボランティア活動の存在

　・地域福祉におけるボランティアの役割は？

　・ボランティアの活動は福祉分野に限るのか？

　・自治体の責任をボランティアに押しつける可能性は？

　・ボランティアの自主性と地域福祉ガバナンスの関係とは？

　・ボランティアへの自治体の責任は？

　・「有償ボランティア」の位置づけは？

　・地域福祉における地縁型ボランティアとテーマ型ボランティアの
　　違いは？

4 NPOが地域福祉ガバナンスに参画する意味

　・地域福祉におけるNPOの役割は何か？

　・協働の推進役を誰が担うのか？

　・参加と協力のきっかけづくりとしての「まちづくり円卓会議」と
　　はどのような場か？

　・NPOの考える「当事者性」とは？

　・地域福祉ガバナンスにおける連携協働のあり方とは？

5 地縁組織、地縁型組織（地域福祉推進基礎組織）
- ・福祉分野の地縁型組織とは何をさすのか？
- ・自治会・町内会と地域福祉推進基礎組織の関係は？
- ・地域福祉推進組織の活動内容は？
- ・まちづくり協議会と地域福祉推進基礎組織との関係は？
- ・地域福祉推進基礎組織と市区町村社会福祉協議会との関係は？
- ・テーマ型組織と地縁型組織との関係は？

第Ⅲ章　地域福祉ガバナンスの方法

1 地域福祉の協議体の意義とそのあり方
- ・協議体づくりの施策がもとめられる背景は何か？
- ・官製の協議体が機能しづらい理由は何か？
- ・住民自治の観点では、理想的な協議体運営とはどのような姿か？
- ・乱立する協議体を地域福祉の観点から組み直すにはどうしたらよいか？
- ・協議体を運営する「地域福祉実践」とは何か？

2 地域づくりにおける社会福祉法人・施設の参画
- ・なぜ、地域づくりに社会福祉法人・福祉施設は関わるのか？
- ・社会福祉法人・福祉施設は地域共生社会の実現においてどのような役割を果たすのか？
- ・「地域における公益的な取組」で求められていることは何か？
- ・地域における公益的な取組の社会的な効果・成果はどのようなことが期待されているか？
- ・地域における公益的な取組への社協の役割とは？

3 社会福祉協議会と地域福祉ガバナンス
- ・地域福祉ガバナンスのメンバーである社協と住民はどのような関係にあるか？
- ・地域福祉計画において社協はどのような役割を果たすのか？

・地縁型組織と社協の関わりは今まで通りでよいか？

・相談支援のシステムづくりについて社協の果たすべき役割は？

第Ⅳ章　地域福祉ガバナンスの展開

1　災害・復興における被災者支援

・災害復興への地域福祉ガバナンスの視点とは何か？

・避難所、仮設住宅での自立支援の要点は何か？

・災害公営住宅での個別支援と地域支援のあり方とは？

・災害復興支援を日常の地域づくりに発展させる実践とは？

2　多文化共生と地域福祉ガバナンス

・多文化共生における「外国人」の権利とは？

・「外国人」の排除に対する地域福祉ガバナンスの課題とは？

・リスク社会からみた「外国人」の現状とは？

・総合相談・包括的支援体制は多文化共生社会に対応できるか？

・多文化共生地域福祉が地域福祉ガバナンスに果たす役割とは？

・多文化共生における地域福祉ガバナンスの役割とは？

3　子育て世代と地域福祉ガバナンス

・地域子育て支援拠点とは何か？

・「アウェイ育児」から地域が「ホーム」になるプロセスとは？

・子育て支援を通して「丸ごと」の地域にしていくための取り組みとは？

・参加型の地域づくりのための取り組みとは？

・子育て支援を地域づくりにつなげる地域福祉ガバナンスの役割とは？

4　地域共生社会をつくる地域福祉実践と地域福祉教育

・個別支援を地域福祉として実践するとはどういうことか？

・地域共生に向けて暮らしのなかの出来事を把握する視点とは？

・地域共生社会をめざす、これからの地域福祉教育の実践とは？

・住民の力を引き出すために専門職はどのような姿勢をとるべきか？

第Ⅴ章　包括的支援体制と地域福祉ガバナンス

1　包括的支援体制の構築と地域福祉ガバナンス

・包括的支援体制とはどんな体制のことか？

・包括的機支援体制と地域包括ケアシステムとの関係は？

・包括支援体制の構築と地域福祉ガバナンスのあり方は？

2　多様化・複雑化した地域生活課題と多機関協働の必要性

・社会福祉法第4条（地域福祉の推進）はどう改正されてきたのか？

・「地域生活課題」とはどんな考え方か？

・これからの地域福祉の推進体制（地域福祉ガバナンス）とは？

3　漏れなく対応する仕組みづくり

・専門相談をできるだけ集めた総合相談機関をつくることが必要ではないか？

・制度で対応できない課題への相談支援体制はどのように組み立てたらよいか？

・住民の相談支援活動は実際に機能しているのか？

・漏れに必ず対応する役割を担う相談支援機関が必要ではないか？

・制度の縦割りを克服することがまず先決ではないか？

4　多職種連携時代の専門職と住民による協働の意義

・地域福祉における多職種連携の意義と課題は何か？

・社会的孤立と制度の狭間の問題とは何か？

・住民との協働による開発はどのように考えたらよいか？

・専門職と住民との協働を促進するうえでの留意点は何か？

5　新しい地域福祉計画と重層的支援体制整備事業

・社会福祉法の改正で地域福祉計画はどう変わるのか？

・地域福祉計画策定のガイドラインで求められる「地域づくり」とは？

・新しい地域福祉計画を策定していくために必要な「参加」とは？

・包括的支援体制と重層的支援体制構築事業とは？

・地域福祉計画、重層的支援体制整備事業実施計画における地域福

祉ガバナンスとは？

6　地域福祉ガバナンスと財源

・地域福祉の財源の種類にはどのようなものがあるのか？

・各活動組織の会費、寄付金は相当額集まっているのか？

・民間財源のなかで共同募金の果たす役割は？

・助成団体の助成は、どのような状況か？

・公費と民間財源は、どのような関係にあるのか？

・地域福祉の諸活動に対する安定的・計画的な助成の考え方は？

・地域公益活動の財源は、社会福祉法人の自己努力によるのか？

【編著者】

原田 正樹(はらだ・まさき)……第Ⅰ章、第Ⅴ章
日本福祉大学 副学長
日本社会事業大学大学院修了後、日本社会事業大学等を経て現職。日本地域福祉学会会長、日本福祉教育・ボランティア学習学会会長を務める。また、各地の地域福祉実践に関わる。全国社会福祉協議会全国ボランティア・市民活動振興センター運営委員などを務める。

藤井 博志(ふじい・ひろし)……第Ⅱ章、第Ⅳ章
関西学院大学人間福祉学部 教授
大阪市に生まれる。同志社大学文学部社会福祉専攻卒業。同志社大学社会学研究科社会福祉学専攻博士後期課程満期退学。専門は地域福祉論・地域福祉実践論。社会福祉学博士・社会福祉士。

渋谷 篤男(しぶや・あつお)……第Ⅲ章
社会福祉法人中央共同募金会 常務理事
1954年、名古屋市生まれ。1977年、全国社会福祉協議会入局。同会常務理事を経て現職。日本福祉大学招聘教授、日本社会事業大学専門職大学院客員教授。

【執筆者】

坂口 和隆(さかぐち・かずたか)……第Ⅱ章・4
くらしにツナガルHātWork 共同代表
認定特定非営利活動法人シャプラニール＝市民による海外協力の会代表理事
シャプラニールや特定非営利活動法人日本NPOセンターの事務局スタッフとして合わせて30年近く参画。そのほか、市民活動の支援、子どもの暮らしやすいまちづくりやフェアトレードの活動を展開する「くらしにツナガルHātWork」を中心に活動中。

中島 修(なかしま・おさむ)……第Ⅲ章・2
文京学院大学人間学部 教授
厚生労働省地域福祉専門官、文京学院大学准教授を経て現職。社会福祉士。専門は地域福祉。日本社会事業大学大学院博士前期課程修了。東北福祉大学大学院博士（後期）課程修了。博士（社会福祉学）。全社協「地域における公益的な取組に関する委員会」委員長ほか各種委員を歴任。

佐藤 寿一(さとう・ひさかず)……第Ⅳ章・1
社会福祉法人宝塚市社会福祉協議会 常務理事
1989年、民間企業を経て宝塚市社会福祉協議会に入職。地域福祉、在宅福祉等を担当し、2017年より現職。阪神・淡路大震災時の経験をもとに東日本大震災等の被災地で復興支援に関わる。

朝倉 美江(あさくら・みえ)……第Ⅳ章・2
金城学院大学人間科学部 教授
日本福祉大学社会福祉学部卒業後、神奈川県社会福祉協議会に就職。10年間勤務後、東洋大学大学院社会学研究科社会福祉学専攻博士後期課程修了。博士（社会福祉学）。

奥山 千鶴子(おくやま・ちづこ)……第Ⅳ章・3
NPO法人子育てひろば全国連絡協議会 理事長
認定NPO法人びーのびーの 理事長
2000年、NPO法人びーのびーの設立、「おやこの広場びーのびーの」オープン。2007年、NPO法人子育てひろば全国連絡協議会設立。内閣府子ども・子育て会議委員等。

畑 清美(はた・きよみ)……第Ⅳ章・4
社会福祉法人三田市社会福祉協議会 地域福祉課 副課長

大阪市生まれ。民間企業勤務を経て2005年三田市社会福祉協議会に入職。以降、介護サービスセンター、ボランティア活動センター、権利擁護・成年後見支援センター、障害者生活支援センターで従事し、現在に至る。

地域福祉ガバナンスをつくる

発　行	2020年7月27日　初版第1刷発行
編　者	原田 正樹・藤井 博志・渋谷 篤男
発行者	笹尾 勝
発行所	社会福祉法人 全国社会福祉協議会
	〒100-8980　東京都千代田区霞が関3-3-2　新霞が関ビル
	電話　03-3581-9511
	振替　00160-5-38440
定　価	本体1,400円（税別）
印刷所	日経印刷株式会社

ISBN978-4-7935-1346-6　C2036　￥1400E

禁複製